MANUEL BENÍTEZ SANZ

No necesitas
SUERTE
necesitas
MOVERTE

PIDE, SIENTE, AGRADECE
Se la mejor versión de ti.
Cómo mejorar económicamente.
Cómo sentirse querido.
Cómo ser tu mejor versión.

Ibukku es una editorial de autopublicación. El contenido de esta obra es responsabilidad del autor y no refleja necesariamente las opiniones de la casa editora.

NO NECESITAS SUERTE, NECESITAS MOVERTE
Publicado por Ibukku
www.ibukku.com
Diseño y maquetación: Índigo Estudio Gráfico
Copyright © 2018 Manuel Benítez Sanz
ISBN Paperback: 978-1-64086-225-8
ISBN eBook: 978-1-64086-226-5
Library of Congress Control Number: 2018953281

ÍNDICE

Dedicatoria

Para mi hijo, el cual siempre ha creído en mí y recibo el apoyo en los momentos más complicados de mi vida. El, es mi principal inspiración, así como a Lolis mi esposa cómplice e impulsa mis proyectos y locuras

A mi padre y madre los cuales fomentaron en mí valores de perseverancia, amor y fuerza para salir adelante, mi padre muy trabajador un ejemplo y mi madre me enseño que todo se puede.

A mis hermanas, que si Dios me hubiera dado la oportunidad de escoger a mi familia los escogería de nuevo. Todos ellos súper divertidos, muy unidos y únicos.

También a los miles de seguidores y amigos en Estados Unidos y Latino América los cuales han asistido a las conferencias durante ya casi 3 décadas y con regularidad me piden un libro para compartir con ellos, y he aquí mi primer texto.

Agradecimientos

A mis amigos Rafa Pereyra y Ángela Scutaro que siempre han estado ahí, con nosotros. Gracias.

A mi amiga Genobeba Roa por su gran aportación a este libro.

Tengo a muchas personas a las cuales les tengo que agradecer algo. Saben quiénes son y mi agradecimiento desde lo más profundo de mi corazón.

Es importante resaltar y no quiero dejar pasar, es que todas estas letras se las dedico a esa fuerza poderosa que me ha acompañado toda la vida, hay quienes le llaman El gran arquitecto, Madre naturaleza, Universo…yo le llamo Dios, como la energía que existe cuando lo usamos a nuestro favor todas las cosas suceden de manera maravillosa, no importa si le llamas universo o como sea, lo importante es que existe, una fuerza muy grande que cuando nos conectamos con ella podemos lograr la armonía que necesitamos para nuestras vidas y así poder alcanzar nuestros más grandes anhelos, ya sea el área personal, social, espiritual, física etc.

Con esto no quiero que se confunda este libro con algo religioso por qué no lo es.

Permíteme contarte la historia de porque empezó este libro, yo era una persona que dejaba las cosas para después y era sumamente postergado; si tenía que lavar el auto lo dejaba para para otro momento, tenía que ser una llamada no importante la dejaba para el día siguiente, había que escribir algo lo pasaba para luego, si tenía que ir a la tienda a comprar algo etc… y eso me causó mucho sufrimiento, me afecto económicamente, con mi familia a pesar del tener el talento para generar dinero.

Tuve problemas en casa con mi esposa por la falta de dinero y eso fue por postergar.

En una ocasión fui a la Ciudad de México a la casa de mis padres y estaban haciendo una construcción, estaba inconclusa y les pregunté ¿que por qué no la habían terminado? y me dijeron que el problema es que los albañiles la gran mayoría de ellos siempre dejan las cosas la mitad, porque empiezan y buscan más trabajo por otro lado o simplemente utilizaban el dinero para irse de parranda; entonces ahí fue cuando me cayó el veinte, le dije a mi madre ¿cómo puede ser posible que te deje en el trabajo a la mitad? y mi madre tanto como mi padre me dijeron: "pues sí así hay mucha gente" no sólo los albañiles muchos trabajadores empiezan las cosas y las dejan la mitad, mi mente entro en un estado de shock y me dije nunca más dejo nada a la mitad.

Regresando a mis padres en ese momento decidí que era el mejor momento para hacer todo lo que yo quería y terminar empecé a trabajar con mucho empeño, seguí con mis metas y empecé a lograr mucho más en un año que lo que había logrado en los últimos 5 años y después de ver los resultados tan fructíferos decidí hacer este libro:

"No necesitas suerte necesitas moverte"

Prólogo

"No necesitas suerte necesitas moverte" Infinidad de ocasiones, seguidores, amigos y audiencia en general me preguntan qué ¿si es necesaria la suerte? Sí, estoy de acuerdo; sin embargo existen personas que dejan su vida en espera de un golpe de suerte en lugar de moverse y convertirse en el arquitecto de su propio destino.

Este libro te puede ayudar a tener una mejor visión del mundo y un crecimiento personal de manera sencilla. Tendrás varias afirmaciones y confirmaciones, es decir confirmaras cosas que ya sabias y descubrirás otras que no tenías idea de que se trataban.

Estoy convencido que si lo lees a consciencia tendrás muchos descubrimientos, y decirte que utilizare algunas herramientas, autores y técnicas que te ayudaran a salir adelante o aprender a manejar circunstancias de la vida diaria; un ejemplo aprender a manejar el miedo entre muchas que iremos encontrado a lo largo del libro, lo describo de una manera simple, inclusive con fabulas y algunas historias personales para que sea de fácil comprensión para todos.

"No necesitas suerte necesitas moverte" es un libro que te invita a la acción, muchos dejan a la suerte los resultados que esperan de la vida en lugar de prepararse, cambiar de actitud y tomar acción, este libro es digerible y ligero, habla acerca de cómo los seres humanos actuamos en situaciones en las diferentes áreas de nuestra vida, de hecho toco el tema de como tenemos ciertas programaciones metales las cuales no nos dejan avanzar en los diferentes ámbitos de nuestra vida, ya sea familiar, profesional, espiritual, física etc. De tal forma que pasa el tiempo y muchas personas no avanzan, no desarrollan todo su potencial, sin embargo quieren avanzar, se sienten como un auto al cual le están acelerando y tiene el freno de mano puesto, (freno de pedal) es decir quieren pero no pueden, sienten que no avanzan y así es… NO avanzan, esto les crea angustia, incertidumbre, miedo, todo lo contrario de lo que necesitamos para avanzar en la 3 áreas más importantes Mental, Espiritual y Física.

Este libro habla de cómo poder liberarse de ese freno de mano que algunas personas tienen en la mente, una lectura sencilla y digerible la cual está compuesta de historias y vivencias las cuales llevan al lector a comprender el mensaje a transmitir.

El ser humano repite ciclos constantemente, estos ciclos son nocivos y detienen el desarrollo personal, la idea es que si así lo deseas logres salir de tu zona de confort, (primero tienes que aceptar que estas en ella), el ser humano vive repitiendo ciclos de manera diferente, puede ser con su pareja, con el dinero, en él trabajó; entonces el problema está dentro de ti, y la solución no está en los demás, te comento que desde antes de nacer tenemos una serie de programaciones mentales, las cuales se confirman en nuestra infancia y te afectan de manera radical y tú puedes decir QUEEEEE? Y así es, lo que tienes que hacer es identificar el problema y cambiar, eso es mucho de lo que te voy a platicar en este libro.

Estas hojas hablan de lo que considero la parte real del éxito, lo cual significa que no hay éxito sin fracasos, todo depende de cómo tomemos esos fracasos los cuales nos dan un gran aprendizaje; el fracaso nos da lecciones y nos hace más fuertes, nos da aprendizajes de vida, nos hace más hábiles, mas humanos y nos obliga a ser mejores personas, siempre y cuando lo veamos de manera positiva, sin embargo estando en el ojo del huracán en medio de un problema es difícil comprender a ver más allá del mismo.

Te comento que no creo en que las cosas se logran fácilmente, es como decir baja de peso en 15 días sin hacer dietas ni ejercicio, o como lograr tener el cuerpo que siempre has deseado sin ningún esfuerzo o la promesa de hazte millonario fácilmente, como si fuera fast food, (comida rápida) NO CREO EN ESO, en lo que sí creo es que toda persona que tiene un porque muy fuerte, es decir un gran motivo y seguir adelante y puede lograr todo lo que se proponga, siempre y cuando se prepare para el éxito, tenga un plan y una excelente actitud.

Obviamente a muchas personas les encantaría que todo fuera sencillo, que no tuviera que haber preparación y solo con motivación salir adelante mas no es así, es como decirle a una persona que haga una operación a corazón abierto sin haber estudiado medicina y cardiología ¡es descabellado¡ y cuando una persona quiere que le vaya bien sin prepararse ya que todo en esta vida tiene un precio, y ese es el que hay que estar dispuesto a pagar por que sería ilógico pretender tener las cosas buenas de la vida sin un esfuerzo. Es aquí a donde quiero llegar por qué estás donde estás a causa de lo que has sembrado, por lo que has hecho, por cómo te has preparado, por lo que has compartido.

Al final del día lo que se paga por el fracaso es mucho más grande que el precio que se paga por el éxito.

Esto es real una persona que decide vivir una vida de mediocridad paga un precio muy alto por que trabaja en lo que no le gusta, vive en donde no le gusta, si tiene auto es el que no le gusta, se queja de sus hijos, su esposa, del país... es decir, vive toda la vida quejándose y seguro conoces gente así o tú has estado en esa situación. A mí me paso, en algún tiempo viví sin retos sin emoción, resignado a lo que vendría en el futuro pensaba que tal vez por suerte las cosas mejorarían y pasaban los años y no mejoraba, era una vida de quejas y de carencias y el dinero no alcanzaba, llegaba el fin de mes y me faltaba cheque quería que el mes fuera más largo, hasta que tome la decisión de hacer las cosas diferentes para poder avanzar, al principio no fue fácil, como cuando vas al gimnasio al principio cuesta más trabajo levantarse, hacer ejercicio y duele todo el cuerpo, sin embargo después se convierte en un habito y las cosas cambian para bien, esto es como: ***Cuando manejas un auto de cambios*** al principio tienes que memorizar todo, es decir primero te pones el cinturón de seguridad, después enciendes el auto verificando que este en neutral, después con la pierna izquierda presionas en embrague, posteriormente con la mano derecha tomas la palanca y la pones en la posición de la primera, ahora poco a poco vas sacando el embrague con la pierna izquierda y con el pie derecho vas acelerando poco a poco y posteriormente la segunda velocidad y así se repite el proceso hasta llegar a la velocidad cuarta o quinta UFF, y si hay un semáforo se repite el proceso de echo cada vez que te detienes el procesos se repite QUE TAL. Que complicado, así es al principio pero como lo hacemos todos los días se convierte en un hábito y después todo eso lo hacemos automático, tan automático que ni cuenta nos damos.

Wow ¡que analogía¡ si te pones a pensar te dirías ¿TODO ESO HAGO PARA MANEJAR? La respuesta es SI y más… tienes que ver que no vengan autos. Ver por el espejo retrovisor y mucho más. Y si eres mujer, en alguna ocasión, solo en alguna ocasión, te ha tocado maquillarte en el auto, LO QUE PARECÍA MUY DIFÍCIL AHORA ES SENCILLO, ¿cuál es la diferencia? La diferencia es que ahora es un hábito, así funciona cuando queremos mejorar en algo que al principio cuesta trabajo pero más adelante se hace sencillo con repetición constante, ensayo error una y otra vez.

"El éxito es un cúmulo de fracasos vistos con entusiasmo"

Hablare de ese dolor que causa impotencia y como curarlo en las diferentes áreas de nuestra vida, cuando no nos va como quisiéramos por ejemplo, a la persona que le falta salud, al que le falta dinero, al que su área espiritual la tiene afectada por el pasado, a la persona que vive con miedo todo el tiempo.

Lo que quiero transmitirte es que con el sistema que te voy a compartir en este libro tú puedes transformar tu vida más rápido de lo que te imaginabas, así que te sugiero leerlo hasta el final para que le puedas sacar todo el provecho que decidas.

(De hecho la intención de este libro es que sea sencillo de leer para que cualquier persona lo pueda comprender y poner en práctica los ejercicios que aquí vienen.)

Quiero añadir que esta no es una obra de arte literaria, la intención es ayudarle al lector a descubrir el potencial que tiene y como sacar el mejor provecho de él. Y no solo escribir de la forma trillada de tener éxito económico o profesional, también tocare las áreas más importantes de la vida de las personas como el ámbito familiar, espiritual, físico y mental entre otras, tocare las áreas más IMPORTANTES, mira nos pasamos la vida buscando el avance material y se nos olvida lo más importante. No quiero decir que el avance profesional no sea primordial claro que lo es, pero tiene que tener un balance para que puedas estar bien contigo mismo y con los demás.

Hace algunos años entreviste New York a un conocido hombre de negocios sumamente exitoso en su ámbito laboral y muy muy trabajador, era de hecho lo que le llaman work coholico (adicto al trabajo) lo cual significa la persona que se excede en el trabajo sin importarle nada más, él se concentraba solo en sus metas financieras y profesionales y sí le iba muy bien económicamente, súper autos, una mansión y todo lo que muchas personas soñarían: sin embargo al paso de los años perdió a su esposa y a sus hijos y todo lo que realmente era transcendente, obviamente nunca fue su intención perder lo primordial de su vida , pero descuido las otras áreas igual o más importantes por esta razón hablaremos de tener un sistema y llegar a un balance en nuestras vidas.

Crece no te conformes nunca.
Vive la vida es para disfrutar.
Prepárate todo el tiempo.
Paga el precio por lo que quieres.
La felicidad es una forma de vivir.
Atrévete a salir de tu zona de confort.

PUEDES GENERAR MÁS DINERO PERO NO MÁS TIEMPO

Así que ¿en dónde quieres poner tus energías? o ¿cómo puedes balancear tus prioridades? para darle paso a lo importante.

También quiero mencionar que la gran mayoría de las personas tienen en la mente programaciones, patrones y creencias las cuales llevan a las personas a hacer cosas en contra de ellos mismos; pasan y pasan los años sin darse cuenta y en ocasiones son situaciones tan simples que se pueden arreglar en el momento que se identifica el problema, se acepta, y se toma la decisión de trabajar en ello para cambiarlo.

Me he dedicado por casi 3 décadas a la capacitación en el desarrollo humano ventas, coaching personal y empresarial, sin embargo el punto es que durante estos años he tenido contacto con miles de personas en USA, México, y gran parte de Latino América y en estos seminarios y conferencias me he encontrado con personas de todas las edades e inclusive de más de 70 años con resentimientos que no los dejaban desarrollarse por un pequeño problema en la mente, o personas con mucho talento pero que no lo usaban, personas maravillosas que tenían la auto estima muy baja, en fin personas de diferentes razas en diferentes lugares con diferentes idiomas y todas tienen algo en común, que son seres humanos que tienen sentimientos y emociones, Toda esta gente con diferente cultura pero con problemas similares como resentimientos, mal manejo de emociones, falta de objetivo para lograr sus metas, sin un plan, y en ocasiones hasta sin un por qué.

Lo primordial es que tu detectes a tiempo que es lo que te está frenando, para que logres progresar en tu vida y si algún día puedes asistir a mis seminarios de desarrollo humano los cuales te ayudan en diferentes aspectos de tu vida desde lo mental, físico e inclusive espiritualmente te sugiero que no te lo pierdas normalmente los impartimos en las principales ciudades de américa desde USA, y gran parte de latino América.

Lo más importante en la vida es ser feliz, y… ¿qué te hace feliz? Tú mismo, tu familia, Dios, el dinero, tu pareja, ¿todo esto junto? ¿Otras cosas? En base a eso, está escrito este libro, no solo a lo material o al éxito, este texto va más allá de eso, aunque hablamos de metas, de dinero y de lo cotidiano iremos a un lugar más lejos de ello, la vida es para ser feliz más tiempo que infeliz, es para disfrutar y la felicidad es una forma de vida no es un lugar.

Si te hace feliz hazlo.

¡En esta obra vas a encontrar algunas respuestas? SI, para que puedas avanzar en diferentes áreas de tu vida y espero que obtengas muchas más preguntas porque si quieres avanzar te tendrás que cuestionar para después filtrarlas y que tengas las respuestas correctas y posteriormente las soluciones.

Actitudes que cambian tu vida

Una Mala Actitud es como una llanta baja, no puedes ir a ningún lado hasta que no la cambies.

Seguramente has escuchado esta frase, tu actitud determina tu Altitud, tal vez puedas decir que eso está muy trillado ¿será real? ¿Es o no es cierto? Lo que quiero compartirte es algo cierto y muy sencillo tan fácil como decir: ¿cómo una persona va a tener éxito o avance en su vida? si es una persona con una mala actitud, si es la persona que siempre se está quejando, o no resuelve, o esta de geta o hace las cosas con flojera. Entonces que es actitud positiva? es el poder de transformar las situaciones adversas en oportunidades, es la forma en como tomamos y reaccionamos a las situaciones que nos pasan, es como nos sentimos por dentro y lo mostramos fuera, es como el hombre que pierde todo, hasta la propia esperanza, deja de creer en él, un día cambia su actitud y sale adelante, o el empresario que falla… y falla… y falla… y triunfa, o el padre de familia que a pesar de las adversidades ayuda a sus hijos a terminar la universidad o la madre con una enfermedad terminal que gana la lucha y sana. En todas las culturas se escuchan historias sorprendentes.

Con esto no quiero pretender que el ser positivo se pase de la raya o ser una persona irreal, porque si pierdes un ser querido va a doler y es difícil estar positivo pero en su momento la vida es recordar que los seres queridos no son nuestros solo son prestados y están pasando a otro plano, o ¿cómo una persona va a estar positiva? si le roban su auto y cuando alguien le pregunta, ¿cómo te sientes?, ni modo que le diga que bien; sin embargo la idea de ser positivo es plantearte ¿cómo hago para resolver este problema o esta situación?.

Actitud no es solo estar contento, tomemos el ejemplo de alguien a quien le roban su auto, tal vez está enojado o triste, pero sí está pensando cómo le va hacer para recuperarlo, o ya está resolviendo el problema con la aseguradora y esta persona está enojada, confundida o triste pero en actitud de resolver. En el caso contrario otras personas les roban el auto y se empiezan a quejar de todo ¿Porque a mí?

17

¡Siempre me han estas cosas! ¡Justo ahora¡ etc… y déjame decirte que eso es normal, lo importante es salir de ese estado y resolver.

Actitud es como reaccionamos ante las situaciones de la vida y como nos conducimos.

En una ocasión al famoso Thomas Alva Edison se le incendió su laboratorio, y quienes ayudaban corrían a apagar el fuego afanosos en su tarea y él estaba alejado dibujando, un joven se le acercó y le pregunto ¿que no está triste? se está quemando su laboratorio, Tomas siguió con su libreta, el joven le pregunto ¿qué hacía? A lo que le contesto con una voz segura: estoy haciendo los planos de mi nuevo laboratorio, ¡wow¡ eso es actitud, tal vez otra persona estaría quejándose y lamentándose por esta tragedia.

Si te das cuenta la mayoría de la gente se centra en el problema y no en las soluciones y sí, se centran en los problemas, y… ¿cómo puedes avanzar en tu vida? centrándote y dedicando tu energía al problema y no a las alternativas, sin embargo si buscas posibilidades y eres perseverante con actitud positiva seguramente vas a tener éxito en las diferentes áreas de tu vida y vas a avanzar, así pues la actitud determina tu altitud, que es decir adónde vas a llegar.

En una oportunidad le preguntaron a un millonario ¿cuándo empezó a tener éxito? A lo que él contesto: cuándo dormía en las bancas de los parques públicos, sabía lo que tenía que hacer, y lo hice. ¡Eso es actitud¡

Conocemos muchas historias de éxito, tenemos que aprender y ponerlas en práctica en nuestras propias vidas.

Es tan importante esto que cuando una persona tiene una actitud mental negativa afecta su situación económica por lo que no avanzan en su desarrollo personal porque siempre está inconforme con todo, en la salud está comprobado que una personas que está en su circuito negativo su cuerpo esta ácido y eso provoca la mayoría de las enfermedades, o si seguimos con esa mala actitud nos estresamos lo cual nos lleva a no ser productivos y hasta tener enfermedades bastantes graves. Parece increíble pero así es y está demostrado.

Podemos ver al joven que vive en la pobreza que sale adelante y triunfa o al emprendedor que se convierte en gran empresario, o el gran empresario que lo pierde todo y se levanta de nuevo, y todo comienza con actitud, actitud, actitud, Henry Ford tuvo una buena actitud para poder fabricar sus autos, las situaciones eran adversas sin embargo su pensamiento positivo y coraje lo impulso a salir adelante y puedes decir hacían falta más factores, CLARO ¡por supuesto¡ e insisto la base es la actitud.

Años atrás conocí a Teresa una empleada con buen salario que decidió dejar ese trabajo para involucrarse en el mundo de las ventas directas o redes de mercadeo, no sin que su familia le dijera que ¡estaba loca! ella y su esposo casi se divorcian, pero la actitud de Teresa era la de triunfar, Y por supuesto le puso mucho empeño y esfuerzo a su nueva labor que en dos años ya ganaba cinco veces más que cuando era asalariada, y ella me contaba que ya hoy la gente que la criticó incluido su esposo y familia la alaban y hablan de sus logros y apoyada por ellos. Una actitud de triunfo con preparación y acción, tarde o temprano va a tener los resultados que esperas o mayores.

Uno de los escritores y actores que mejor actitud ha tenido es el creador de la exitosa franquicia de Rocky un hombre que a pesar de todas las adversidades se enfrentó a todos y a todo para lograr su sueño, esta hombre ya había tenido un papel secundario como actor sin mucho éxito, con el afán de lograr su meta, busca oportunidades sin resultados y en su casa cada vez faltaba más el dinero hasta que un día vende las joyas de su esposa para tener algo de plata, ella se molesta al grado que le pide el divorcio y lo deja, la situación de este hombre seguía de mal en peor y termino durmiendo en la estación de autobuses en NY, lo único que le quedaba era su perro Butkus pero no tenía dinero para darle de comer así que un día se para afuera de una vinatería (expendio de licor) e intenta venderlo por $50 dls. Y al final lo vende en $40 dls. Cuenta la historia que fue el día más triste de su vida y que lloro toda la noche no tenía ya

19

a su compañero y era lo último que le quedaba. Días después vio una pelea con el campeón de box de esos tiempos Muhammad Ali contra un desconocido el cual metió en aprietos al campeón y de ahí vino la inspiración para escribir el guion de la famosa película Rocky. Se dice que paso días enteros escribiendo sin parar hasta terminar la historia, pero este relato no finaliza ahí, después de haber terminado y con guion en mano fue a presentarlo a diferentes casas productoras sin éxito, algunos directivos hasta le decían que la historia era muy mala que nadie se interesaría en ella. Desesperado pero con la ilusión de ver su película en la pantalla grande, por fin una casa productora le dijo que harían la película y se la comprarían por $125,000 dls. Y que él no actuara en la película a lo él les contestó con un rotundo NO, les dijo que si él no era el protagonista no la vendía, la casa productora le ofreció $250,000 dls. Pero que él no interpretaría el rol, de nuevo dijo ¡NO! le ofrecieron otra cantidad y el siguió en la posición de si no hago yo el papel principal no hay película, finalmente él fue el actor principal y en ese momento le adelantaron $35,000 dls. Lo primero que hizo fue ir a buscar a su perro, se paró al frente de la tienda de licores y fueron 3 días de espera en lo que paso la persona que le compro al perro, el nuevo dueño no quiso regresarle a Butkus sin embargo al final accedió a revendérselo por la cantidad de $15,000 dls. Y así lo recupero a su querido perro.

El nombre de este escritor y actor es Silvester Stallone, su película resulto un éxito de taquillas, ganó el Oscar a la mejor película, el mejor director y al mejor montaje.

Lo que siguió fue Rocky 2, 3, 4, y hasta 5 y un sinnúmero de películas y hay más, el siguió adelante supero todas adversidades y a pesar que nadie creía en él, hoy es toda una celebridad que siguió su sueño a pesar de todo.

Lo que quiero decirte con esto es qué, cuando las cosas no son como queremos debemos y nos conviene ser persistentes y seguir adelante, lo que hace falta es que queramos y tener la voluntad suficiente para enfrentar esos retos, piensa en lo que quieres, en lo que eres, en tus motivos, recuerda si tu sueño muere tu mueres y te conviertes en una persona inconforme, una persona que se queja de todo y de todos, probablemente en este momento estés pasando por una mala situación y eso puede cambiar en el momento que tu cambies y te enfoques hacia a dónde quieres ir.

"Las cosas no cambian, 'tu cambias"

La actitud es contagiosa
"Más vale una sonrisa fingida, que una jeta natural"
Marina Buzali

Algo muy importante que destacar es que la actitud tanto positiva como negativa se puede contagiar, lo malo en este punto es que las actitudes negativas son como la gripa si no tienes bien tus defensas te enfermas, es de fácil contagio.

Asistí a una obra de teatro con un cómico muy reconocido en Las Vegas el cual era experto en su trabajo, a todos en el auditorio nos tenía con una terapia de risa más que el 100% de esas veces que se te llagan a salir las lágrimas de tanto reír y hasta te duele el estómago. A unos cuantos asientos estaba una persona con cara de enojada, de geta y las personas a su lado estaban disfrutando el show y al voltearlo a ver, la energía de las personas que estaban a su lado bajaba y entusiasmo se les caía, al cabo de un rato ya estaban casi igual que esa persona, con caras largas; lo que quiero decir es que en nuestro medio ambiente existen personas con actitudes negativas, toxicas, personas sin sentido del humor en ocasiones ese tipo de personas sienten envidia de la persona alegre dela persona que avanza, si una persona se compra una linda casa la critican o si tiene una linda familia, o si se va de viaje etc… siempre encuentran un defecto para criticar y sacar ese tipo de veneno que llevan dentro, lo delicado de esto es que si no estás atento se te puede contagiar, un maestro lo decía de forma coloquial no te juntes con tontos por que se pega y él se refería exactamente a esto: la actitud negativa se pega, sin embargo la actitud positiva se contagia también aunque tarda un poco más porque la mayoría de las personas no están acostumbradas a la buenas noticias, ni a las cosas buenas de la vida.

Por otro lado si te juntas con gente que quiere salir adelante, gente prospera, gente que avanza también se contagia y después de un tiempo tu empiezas a tener actitudes positivas, de triunfo y con ganas de disfrutar de las cosas buenas de la vida o del objetivo principal de ser feliz más tiempo a pesar de…

Por ejemplo, existe un mito de que todos las personas ricas o prosperas son malas, son mezquinas o miserables y no todas son así, es solo un mito, he convivido con personas muy exitosas y la mayoría son gente muy agradable; te comento, mi formación es de capacitador empresarial y doy asesoría algunas empresas en el área de ventas y mercadotecnia, por esta razón me relaciono con dueños y directivos de empresas y ellos son personas en su mayoría muy agradables y determinadas, en una ocasión qué fui a una entrevista con el dueño de una cadena de restaurantes muy muy importante, con la mala experiencia de que los empleados que me recibieron fueron algo groseros conmigo, el primer filtro para llegar a él fue un portero que más bien parecía guarda espaldas, el segundo una recepcionista mal encarada y el tercero su secretaria, ella me interrogo con actitud bastante absurda, y cuando el dueño salió fue muy amable me invito a su oficina y posteriormente a comer platicamos aproximadamente 4 horas acerca de la importancia de tener a los empleados capacitados y de la importancia del buen servicio al cliente y de cómo esto beneficiaria a su negocio financieramente y lo más importante con un equipo de trabajo comprometido con la excelencia en el servicio, comprometidos con el negocio. Hablamos de tener personal con buena actitud y la camiseta bien puesta en su negocio, él me dijo que eso era muy difícil ¿qué es lo que podíamos hacer por la empresa? El aceptaba la capacitación y que veía difícil que sus empleados cambiaran de actitud. Pues bien, impartimos cursos por un año ¡y el resultado fue sensacional¡ mejor actitud, mejor equipo de trabajo, más clientes, más ventas, mayor flujo de efectivo y BOOM crecimiento de un negocio que estaba estancado.

Esto es en un negocio y en ese negocio hay personas las cuales son las responsables de hacer que el negocio crezca para el beneficio de todos.

Esto solo por mencionar un ejemplo de aquellos que son exitosos o millonarios, son individuos con actitudes diferentes en su mayoría y obviamente existen excepciones como en todos lados. Así existen cientos de ejemplos de personas prosperas que tienen una actitud positiva ante la vida.

Cabe mencionar que no quiero decir que tener una buena actitud te resuelva los problemas o que ya no vas a tener ninguna clase de situaciones que no te gusten, o que tengas que ser la persona que no eres, lo que quiero decir es que las situaciones se ven de manera diferente cuando tenemos una actitud positiva, siempre se buscan soluciones para resolver las situaciones lo antes posible y con la negativa se buscan más problemas, excusas, hacerse las victimas para no resolver, lo cual te lleva a una vida gris y llena de mediocridad.

De esta forma es importante mencionar que a la gente con actitud positiva le gusta juntarse con gente positiva, ahora bien si quieres que cambie tu situación en las diferentes áreas de tu vida lo puedes hacer al cambiar tus actitudes mentales, sin dejar de ser tú mismo. Y digo siendo tú mismo sin pasar a los extremos. En alguna ocasión en una conferencia que impartía, una mujer muy exitosa financieramente hablando, decía que su actitud no la cambiaba por nada del mundo aunque esa actitud la tenía alejada de su familia, aunque por dentro se sintiera infeliz a pesar de todo el dinero que tenía, su mal control emocional la llevo a tener diferentes enfermedades muy graves, como lo mencione anteriormente cuando tienes malas actitudes el cuerpo se vuelve ácido y es una bomba de tiempo para las enfermedades.

Si quieres ser Águila vuela con águilas no con patos.

Y es que la realidad si te das cuenta, es molesto estar rodeados de personas que se la pasan criticando, envidiando, tirando mala vibra; en algunas conferencias pongo el ejemplo de que se encuentran unas señoras en su vecindario y parece que hacen competencia de quejas:

Una empieza una a decir, como está y la otra le contesta:
–Hoy amanecí con un dolor en el cuello.

Y otra se suma diciendo:
—Yo en la cadera

Y una más dice algo parecido, parecen competencias de quejas… y esto pasa en las oficinas, en las casas y en muchas partes.

En la oficina el jefe se queja de los empleados y los empleados del jefe.

En la casa el Padre de la Madre el hijo de los padres, los padres de los hijos etc.

Por eso tenemos que estar atentos y entrenar nuestra mente para que no se deje llevar por ese tipo de actitudes, porque se pegan.

Todo lo contrario a este ejemplo es la historia de Pepe que a continuación les comparto.

No eres responsable de la cara que tienes, pero sí de la cara que pones.

La historia de Pepe.

Pepe era el tipo de persona que siempre cae bien.

Continuamente estaba de buen humor e invariablemente tenía algo positivo que decir. Cuando alguien le preguntaba ¿cómo le iba? él respondía:

—"Si pudiera estar mejor, tendría un gemelo"

Era Gerente, único, porque tenía varias meseras que lo habían seguido de restaurante en restaurante.

La razón por la que las meseras seguían a Pepe era por su actitud, él era un motivador natural. Si un empleado tenía un mal día, Pepe estaba ahí para decirle al empleado cómo ver el lado positivo de la situación. Ver este estilo realmente me causó curiosidad, así que un día fui a buscar a Pepe y le pregunté:

—No lo entiendo... no es posible ser una persona positiva todo el tiempo, ¿cómo lo haces?

—Cada mañana me despierto y me digo a mí mismo... Pepe, tienes dos opciones hoy. Puedes escoger estar de buen humor o puedes escoger estar de mal humor. Escojo estar de buen humor. Cada vez que sucede algo malo, puedo escoger entre ser una víctima o aprender de ello. Escojo aprender de ello. Cada vez que alguien viene a mí para quejarse, puedo aceptar su queja... o puedo señalarle el lado positivo de la vida. Escojo el lado positivo de la vida".

—Sí, claro, pero no es tan fácil, protesté...

—Sí lo es... Todo en la vida es cuestión de elecciones. Cuando quitas todo lo demás, cada situación es una elección. Tú eliges cómo reaccionas ante cada situación, eliges cómo la gente afectará tu estado de ánimo, eliges estar de buen humor o de mal humor. En resumen, **TÚ ELIGES CÓMO VIVIR LA VIDA"**.

Reflexioné sobre lo que Pepe me dijo... Poco tiempo después, dejé la industria hotelera para iniciar mi propio negocio.

Perdimos contacto, y con frecuencia pensaba en Pepe, cuando tenía que hacer una elección en la vida, en vez de reaccionar contra ella. Varios años más tarde, me enteré que Pepe hizo algo que nunca debe hacerse en un restaurante, dejó la puerta de atrás abierta... y una mañana fue asaltado por tres ladrones armados. Mientras trataba de abrir la caja fuerte, su mano temblando por el nerviosismo, resbaló de la combinación. Los asaltantes sintieron pánico y le dispararon. Con mucha suerte, Pepe fue encontrado relativamente pronto y llevado de emergencia a una Clínica. Después de ocho horas de cirugía y semanas de terapia intensiva, Pepe fue dado de alta, aún con fragmentos de bala en su cuerpo. Me encontré con Pepe seis meses después del accidente, cuando le pregunté cómo estaba, me respondió:

–Si pudiera estar mejor, tendría un gemelo.

Y la pregunta obligada:

–¿Qué pasó por tu mente en el momento del asalto?

–Lo primero que vino a la mente fue que debí haber cerrado con llave la puerta de atrás. Cuando estaba tirado en el piso, recordé... que tenía dos opciones. Podía elegir vivir o podía elegir morir. "Elegí vivir."

–¿No sentiste miedo?...

–Los médicos fueron geniales, no dejaban de decirme que iba a estar bien. Pero cuando me llevaron al quirófano y vi las expresiones en las caras de los médicos y enfermeras, realmente me asusté. Podía leerles en los ojos: Es hombre muerto. Supe entonces que debía tomar una decisión".

–¿Qué hiciste?

–Bueno, uno de los médicos me preguntó si era alérgico a algo, respirando profundo le dije: sí, a las balas. Mientras reían, les dije: estoy escogiendo vivir, opérenme como si estuviera vivo, no muerto.

Pepe vivió por la maestría de los médicos, pero sobre todo... por su asombrosa actitud. Aprendió que cada día tenemos la elección de vivir plenamente, la ACTITUD, al final, lo es todo.

Y recuerda, sólo se frustran aquellos que dejan de ver la parte positiva de sus resultados y de la vida y solo se enfocan en las cosas que no les gustan y eso les causa frustración, rencor, miedos, envidia etc...

Lo humanos pueden alterar sus vidas al alterar sus actitudes mentales.
William James.

Una forma de ayudarte a mejorar tu actitud es a través de las posturas corporales.

Aquí tienes algunos ejemplos de Posturas corporales

Las posturas corporales son sumamente importantes para transformar tu actitud, simplemente ve a una persona que su postura corporal es encorvado con la mirada hacia abajo, caminando despacio, mal sentado, mirada triste, voz baja, ¿qué te transmite? Flojera, tristeza, melancolía y más; es decir nada positivo. Si te ha pasado esto prueba hacer ejercicios los cuales te ayudan a mejorar tu actitud.

1. *Párate derecho.*
2. *Camina más rápido.*
3. *Habla más fuerte.*
4. *Mira a las personas a los ojos.*
5. *Da la mano de manera firme.*

Estos ejercicios tan sencillos ayudan a las personas a sentirse y verse mejor por increíble que parezca, cuando una persona habla más fuerte adquiere confianza o veámoslo de la otra forma, cuando una persona habla muy bajito te das cuenta de que su auto estima esta baja, en la mayoría de los casos que a esa persona le da vergüenza expresar sus ideas o simplemente ser él o ella misma.

O por ejemplo cuando una persona va caminando rápidamente y erguido se ve como una persona que sabe hacia dónde se dirige de la otra forma con mala actitud encorvado y caminando lento su mente percibe ese tipo de actitud y sus conductas son similares.

Créelo o no las posturas corporales te ayudan cambiar tu actitud, realiza este ejercicio por lo menos 7 días, anótalo en tu celular como recordatorio o en tu pared o en una nota en tu auto y las personas van a notar la diferencia y tú vas a estar más seguro (a) de ti mismo (a)

Educando a tu mente.

Tu mente tiene que tener un filtro de la información que le proporcionas porque es un hecho que tu mente se alimenta de cosas positivas y negativas, por ejemplo escuchar música negativa de sufrimiento es como darle a tu cuerpo comida chatarra, demasiada grasa, azúcar en exceso etc. Y al decir educar a tu mente significa tener como un portero de futbol soccer que él no deja pasar el balón.

Y en este ejemplo el portero en tu mente no tiene que dejar pasar los pensamientos negativos tales como, la crítica, la depresión, la envidia, las quejas, re sentimientos, etc...

Como vas avanzar en la vida si críticas a las personas que están contentas, al que enjuicia a los ricos, nunca será rico, si censuras al que tiene un lindo auto va a ser muy difícil que tú lo obtengas o si repruebas a las personas que son felices va a ser difícil que seas feliz porque tu mente capta esas formas de vivir como algo que es malo y que eso le va a causar DOLOR.

De tal forma que es importante que tu mente tenga un filtro. ¿Qué pasa si tomas agua sin filtrar o contaminada? te enfermas, así pasa con la mente de las personas reciben tantas ideas sin filtro que su mente está enferma, está cansada, estresada, lamentándose, criticando. Boom!

Bendice a las personas prosperas, a las personas felices y hazlo desde tu corazón, con sentimiento para que tu mente relacione a que las cosas buenas de la vida son buenas para ti.
Manuel Benítez

Continuamos…

En esta era de la tecnología en todas partes puedes encontrar libros positivos que te dan poder, miles de frases maravillosas que te ayudan a entrenar a tu mente, años atrás para conseguir alguna información especializada teníamos que asistir a una biblioteca buscar e invertir horas en esa labor y hoy prácticamente toda la información que requerimos está a nuestro alcance con la ayuda del internet a través de Google o You tube.

Para que tengamos una idea google procesa más de 40,000 consultas cada segundo lo cual se traduce aproximadamente en 3,500 millones de búsquedas por día, lo que quiero decir es que la tecnología ya está aquí y hoy es el futuro, hoy hay celulares y en 2 segundos te comunicas con otra persona por video llamada #$%% eso es fascinante y solo lo veíamos en las películas futuristas, y hoy es un recuerdo, hoy es el futuro y tenemos la opción de adaptarnos a estos tiempo y sacarle provecho.

Regresemos al punto. No quiero decir de ninguna manera que el ser positivo significa ver el mundo de color de rosa y que todo va a estar bien de la noche a la mañana por arte de magia, porque a veces se mal entiende esto y más por las personas escépticas, quiero que se entienda bien cuando me refiero a ser positivo;

Ser positivo no es tener cara de tonto.

Ser positivo es:
Ser valiente ante la adversidad.
Es resolver en lugar de quejarse.
Es caer y levantarse.
Es aceptar los errores y seguir adelante.
Es dejar de vivir en el pasado.

Ser positivo es estar consciente que la vida está llena de retos y situaciones de todo tipo y que si algún día hay tristeza hay que vivirla hay que llorar y hay que salir de ahí. Y si un día en alguna situación o persona nos hace enojar pues vivamos nuestra emoción de enojo y después sigamos adelante.

Sin embargo existen libros o publicaciones de ese tipo. Yo vivo la realidad y he visto como son las cosas, en la vida real tenemos retos día a día, problemas financieros, con la pareja, en el trabajo, o con nosotros mismos y ahí es donde a pesar de todo en su momento tenemos que aplicar la actitud de salir delante de toda adversidad.

Por ejemplo en mi profesión he visto personas impartir conferencias de superación personal muy bonitas y otra cosa es la vida real, y en la vida real hay que trabajar intensamente, ser persistente, estar preparado, saber adónde vamos, tener un plan, entre otras cosas.

Un punto que no he tocado es lo siguiente:

El ser humano es adicto a sus propias emociones y estas son principalmente negativas.

El ser humano es adicto a sus propias emociones.

Adicción a las emociones negativas, adicción de la química del cuerpo lo cual significa que la personas sienten placer al experimentar dolor. ¿Cómo? Que las personas no se dan cuenta de que las cosas negativas que experimentan de manera repetida el cerebro y el cuerpo generan un químico natural el cual el cuerpo ya lo necesita, es la necesidad a esos químicos, de tal forma que la persona ya los necesita y por esta razón inconscientemente se auto sabotea, porque busca sentir lo que le proporciona el Dolor, el enojo, la tristeza las lamentaciones diarias.

Ejemplos: la persona que se queja de su salud, La persona que se queja de su pareja, de su trabajo, de sus hijos. El cerebro se acostumbró a que cuando se queja recibe químicos naturales como una droga, no pretendo darte clases de Psicología y darte una larga explicación, lo que sí quiero es que entiendas que las malas actitudes van más allá de quejarse.

Probablemente en este momento estés teniendo diferentes AJA's Psicológicos y te estés diciendo ahora entiendo por qué funciono así o porque mi pareja es así o tal vez tu hijo o alguien que conozcas, sin embargo lo más importante es que te identifiques "tú" para que puedas generar un cambio positivo en tu vida.

Para generar un cambio los primeros pasos son:

1.   *Estar consciente de en donde estas y que tipo de emociones manejas.*
2.   *Querer cambiar lo que identifiques lo que no está bien.*
3.   *Donde quieres estar y con eso puedes empezar a trabajar en un cambio profundo.*
4.   *Cambia tus hábitos.*

Una buena idea qué funciona muy bien es tener un Coach personal, para que te pueda ayudar con los cambios que quieras hacer.

¿Y cómo se puede hacer un cambio?

Un cambio se puede hacer logrando que el cerebro y el cuerpo segreguen químicos para obtener placer, te lo explico: tu cuerpo siente placer a través de las cosas negativas, ahora lo llevaremos a experimentar placer con cosas positivas como logros, abrazos, felicitaciones, alegría, afecto, sonrisas… es decir lo que te invita a sentirte bien; normalmente en los cursos que imparto se detectan los problemas de ahí trabajamos en la aceptación y tenemos un grupo de coach que le dan seguimiento para que las personas puedan avanzar en la vida y alcanzar lo que la mayoría de las personas buscamos que es el estar más tiempo feliz que infeliz , lo cual no es tarea fácil porque nos han vendido la felicidad como algo tan grande que parece inalcanzable, y la realidad es que la idea es estar felices más tiempo que infelices y esto me lleva a decirte *tienes que aprender a disfrutar con lo que SI tienes* y vivir hoy, no ayer no mañana. Obviamente cuando tenemos alguna tragedia es difícil estar felices o positivos como cuando perdemos un familiar te dan ganas de llorar y estas triste y es bueno y positivo vivir tu emoción de tristeza, malo sería aguantarte y no llorar, en general los hombres estamos programados a no llorar lo cual no es sano, hay que vivir las emociones.

Y lo tenemos que hacer así porque cuando quieres cambiar, un día decides ser positivo, te mentalizas, le pones mucho empeño y das tu mejor esfuerzo por mejorar sin embargo tu mente quiere su alimento, el químico que segregan las emociones negativas en el cerebro el enojo o la tristeza, melancolía, etc.

El cerebro necesita su dosis es de químicos creados por la emociones negativas, es decir ya es adicto. Por esta razón tenemos que sustituir esas emociones negativas a positivas y aprender a vivir nuestras emociones solo aquí y ahora.

Y si lo haces por mucho tiempo el cuerpo crea una adicción a las emociones positivas como alegría y afecto.

Esa es la razón por la cual muchas personas no pueden cambiar e inclusive así pueden morir o más bien así se mueren, ejemplo: así soy yo. Yo no lloro, si Me rio parezco estúpido, ¿ser feliz? si como no, esas cosas no son reales, la vida siempre tiene que ser dura etc… esa es la razón de que muchas personas no avanzan en ninguna de las áreas de su vida, FUNCIONA ASI el cerebro se vuelve adicto y necesita sus dosis de droga.

Si una persona quiere cambiar tiene que estar dispuesto (a) a pagar el precio y estar consciente de donde esta para poder cambiar.

Los emocionantes descubrimientos comenzaron en la primavera de 1977. Se habían descubierto ciertas herramientas que permitieron a los científicos penetrar dentro de las células nerviosas del cerebro. Descubrimientos importantes se hacían a diario sobre el funcionamiento interno del cerebro. Ahora sabemos que existen ciertos químicos vitales que llevan los mensajes entre las células cerebrales. En esencia, éstos químicos permiten que las células nerviosas cerebrales "dialoguen" entre sí.

En un día típico dentro del cerebro, trillones de mensajes se mandan y se reciben. Los mensajes que son "felices" o positivos, son llevados por los "MENSAJEROS ALEGRES" (técnicamente se conoce como: sistema biogenético de amino/endorfina). Otros mensajes son sombríos y depresores. Estos son llevados por los "MENSAJEROS TRISTES". La mayor parte de los centros nerviosos reciben ambos tipos de mensajes. Mientras ésta transmisión esté en balance todo funciona con normalidad.

El estrés causa problemas con los mensajeros alegres. Cuando la vida es tranquila y sin sobresaltos, los mensajeros pueden cumplir con su cuota. Cuando existe demasiado estrés en el cerebro, los mensajeros alegres comienzan a atrasarse en sus entregas. En la medida que continúa el estrés, los mensajeros alegres comienzan a fallar. Esto causa que centros importantes del cerebro reciban tan solo mensajes "tristes" y esto a su vez causa que todo el cerebro se angustie. La persona ha entrado en un estado de desbalance químico cerebral conocido como "SOBRE ESTRES".

El sobre-estrés causa que la persona se sienta terriblemente mal. Cuando los mensajes tristes sofocan a los mensajes alegres la persona se siente "sofocada" por la vida. Las personas se quejan de cansancio y de insomnio. Tienen múltiples dolores y falta de energía. Se sienten deprimidos, angustiados o simplemente sienten que no pueden con la vida.

Mensajeros Alegres.

Existen tres mensajeros alegres: SEROTONINA, NORADRENALINA Y DOPAMINA. Estos son los químicos cerebrales que comienzan a fallar cuando los niveles de estrés son mayores a los niveles que la persona puede manejar.

SEROTONINA ES EL QUÍMICO CEREBRAL QUE CONDUCE AL SUEÑO.

El mensajero alegre, serotonina, debe trabajar adecuadamente para que la persona pueda dormir bien. La serotonina es responsable de que la fisiología de la persona sea la adecuada para el sueño. Si la serotonina no hace su trabajo adecuadamente la persona no podrá dormir bien a pesar de cualquier esfuerzo.

LA NORADRENALINA NOS DA ENERGIA.

Estoy seguro que han escuchado la palabra "adrenalina". Cuando una persona está asustada la adrenalina es segregada hacia el torrente sanguíneo por las glándulas adrenales. El corazón late más rápido, la sangre se va de la piel y los intestinos hacia los músculos y aparece sudoración en las palmas de las manos y la frente. El cuerpo se ha preparado para "luchar o huir". La "noradrenalina", que es un pariente cercano de la adrenalina, tiene muchas funciones importantes en el sistema nervioso. La función que más nos interesa por el momento es su rol en el establecimiento de los niveles de energía.

DOPAMINA: EL PLACER Y EL DOLOR.

Como seguramente ya lo saben, la morfina y la heroína son las drogas más potentes conocidas por el hombre para disminuir el dolor o producir placer. Son tan potentes que por mucho tiempo se pensó que eran similares a algún químico producido naturalmente en el cerebro humano. Recientemente se ha descubierto que de hecho existen algunas moléculas similares a la morfina que se producen en nuestros cerebros. Estas substancias son conocidas como "ENDOR-FINAS" y son responsables de nuestra percepción del dolor.

Cuando demasiado estrés causa una disminución de la dopamina la persona pierde su "anestésico" natural.

La dopamina también dirige el "centro del placer." Este es el área que le permite a la persona el "gozar de la vida". Cuando el estrés interfiere con la función

Cuando todos estos síntomas coinciden - falta de sueño, fatiga, dolores y desgano, la persona se siente abrumada por la vida. La persona suele llorar con mayor frecuencia.

Es importante mencionar que para poder tener éxito en la vida es importante tener un "sistema" para hacer las cosas y mucha de la gente feliz, exitosa, millonaria lo tienen y lo que quiero compartirte en estas líneas es un sistema sencillo de hacer las cosas para avanzar en tu vida es decir SER FELIZ Y TENER ÉXITO y tal vez pienses ¿el ser feliz y tener éxito? Es difícil, mira me he encontrado con gente sumamente talentosa pero con una auto estima muy baja y eso es lo que los ha detenido para salir adelante; la baja auto estima, creencias de sí mismo negativas, problemas con el pasado, resentimiento hacia otros y hacia ellos mismos ¡ups¡ Y aun así las personas pueden ser felices y triunfar, esa es la vida para muchas personas, pero nosotros tenemos el poder de cambiar estas situaciones y SE PUEDE todo está en tener una buena orientación y que la persona quiera salir adelante, recuerda que el ser humano está diseñado para evolucionar.

Ahora si tu vida no ha sido como tu soñabas cuando eras niño, tienes que estar consciente y dispuesto a corregir y esforzarte para hacer lo que quieres ser, lo que te haga verdaderamente feliz, es un proceso en el cual tienes que identificar tus debilidades y tus habilidades además de darte cuanta en que estas fallando y corregir, es así un proceso; ahora quiero decirte que hay miles de personas que lo han logrado y obviamente se necesita de fuerza de voluntad de que des el primer paso sin prisa, sin desesperación, siempre con la visión de evolucionar.

¿Te das cuenta lo importante que es tener filtros en tu mente? o como lo dije tener un portero para parar los sentimientos y emociones negativas para poder tener un cambio real paso a paso.

Continuando con el tema, otra definición de actitud es la que Earl Nightingale decano de la motivación en los Estados Unidos nos compartió, Posición o talento que indica acción sentimiento o humor de ánimo, que postura y que reacción voy a tener frente a las distintas cosas de la vida, lo cual reafirma lo que he compartido contigo durante estos minutos lo cual es, tienes un problema o situación y es la forma en que lo enfrentes el resultado que obtendrás. Y como se hace eso tienes 2 opciones las dos son reales la forma positiva la cual te da poder y te lleva a buscar soluciones o la negativa que te va a paralizar, te va a deprimir te pone en una posición de catástrofe y te va a dar tu dosis de químicos negativos.

Alguna vez el multimillonario Rockefeller dijo: "Yo pagare a un hombre más por su actitud y por su capacidad de llevarse bien con los demás que por cualquier otra habilidad que pueda tener"

Así bien la actitud te da el poder de llevar tu vida así donde tú quieres y sacarle a todas las situaciones una enseñanza a favor de tu vida sea como sea.

Simplemente date cuenta de cómo a una persona en su infancia fue educado con groserías y palabras negativas que siempre fue minimizado, y otra que fue educado con actitudes positivas, cariño, amor la forma de ser es diferente, y cualquiera que haya sido tu educación hoy la responsabilidad de cambiar es suya y de nadie más, la responsabilidad de cambiar no es de sus padres, ni de Dios, etc…

La responsabilidad es tuya solo tuya pero lo mejor de todo es que tú puedes cambiar para bien,

La actitud en la parte física.

Para tener una buena salud sabemos que tenemos que hacer ciertas cosas tales como comer bien y hacer ejercicio, ahora bien, tal vez alguna vez has escuchado los términos alcalino y acido, con esto me quiero referir a que tu salud depende de cómo puedes tener un cuerpo alcalino para tener una mejor salud, hoy se sabe que el comer mal nos lleva a tener un cuerpo acido, es decir comer carne roja en exceso, sodas, azúcar papas fritas, exceso de grasa en las comidas todo esto y más lleva a que las células no tengan suficiente oxígeno y la alcalinidad ayuda a neutralizar los ácidos. Ahora bien estudios arrojan que las personas con alta acidez en su organismo son más propensas a tener cáncer y otras enfermedades.

Estrés, ansiedad, miedo, nerviosismo, irritabilidad. Todas estas son consecuencias de un ritmo de vida cada vez más acelerado y afectan al estómago, produciendo una sensación de ardor que puede ir desde el pecho hasta la garganta. Es decir, se produce lo que los especialistas denominan **acidez estomacal**

En general nuestra actitud determina la mayoría de las cosas en la vida inclusive en la parte espiritual es sumamente importante tener una buena actitud.

Recuerda:

Nuestra actitud nos puede levantar y abrir puertas o cerrarlas.

Nuestra actitud tiene energía la cual es contagiosa, pero el primer contagiado debes ser tú.

Lo más poderoso que tenemos es nuestra actitud.

El 10% es la situación y el 90% es la actitud de cómo reaccionamos.

Tú siempre puedes hacerlo mejor.

Prepárate para lo mejor.

Levántate cada mañana esperando lo mejor.

Recuerda cuando cierra una puerta es porque viene otra.

Actitud quiere decir MANERA DE REACCIONAR.

Pensar negativamente disminuye la confianza en nosotros mismos y empeora las situaciones.

Se Optimista no vale la pena ser otra cosa.
Winston Churchill

Mentalidad de abundancia
Piensa en grande

Abundancia se define como gran cantidad de algo.

De tal forma que a lo que me refiero en este capítulo es a como tener una mentalidad abundante, porque antes de tener algo físicamente primero hay que imaginarlo en nuestra mente, wow es tan lógico que el 95% de las personas a nivel mundial lo saben pero no lo comprenden.

Quiero compartir una historia para ejemplificar lo que quiero transmitirte; Juanita era una niña como cualquier otra, ella tenía el sueño de que cuando fuera grande quería ser la primera astronauta de su país, sin embargo cada vez que Juanita contaba lo que quería ser de adulta, la gente incluyendo su familia se reía de ella y la veían como si estuviera loca o como pobrecita niña, el problema es que poco a poco ella creyó que no podía, y en la actualidad la forma de pensar de esa niña ahora es de limitación ella creyó lo que la gente le dijo, ella creyó que no podía, creyó que era imposible y simplemente piensa que el no poder es normal y así vive toda su vida hasta que alguien le dice cuando es grande que puede lograr los nuevos sueños que ahora tiene pero la programación que tiene en su mente es de escases, es difícil, es de no puedo… y ella puede cambiar, pero si está consciente de en donde esta y donde quiere estar.

Sin embargo existen personas que creyeron en sus sueños, fueron apoyados o no y lograron lo que querían, como el caso maravilloso de José Hernández, hijo de campesinos inmigrantes Mexicanos en USA, en el área de Fresno California y llego a ser astronauta, el siguió sus sueños y seguro que fue apoyado por alguna persona, pero principalmente su apoyo fue consigo mismo, él lo logro y así tenemos miles de historias de éxito que podemos compartir pero el punto es, como puedes cambiar tu mente de escasez a una mente abundante; y te dices: a mí no me apoyaron, para mí fue muy difícil, etc..

Quiero decirte que tal vez tu educación y lo que viste cuando eras niño fue lo contrario a abundancia, fu escases y si no problemas económicos pero la buena noticia es que eso se puede cambiar para bien.

Para poder empezar a cambiar ese tipo de mentalidad se necesita información, conocimiento para poder tener la comprensión de lo que está pasando aceptar y decidir cambiar lo que no nos gusta.

Fabula Hindú de la abundancia y la riqueza

Cuentan que hace muchos años en tierras desconocidas, habitaba un joven muy inteligente que buscaba la clave para obtener riquezas ilimitadas. El joven, se dirigió a un bosque en donde habitaba un maestro espiritual; cuando lo encontró le manifestó su deseo de tener oro, joyas, abundancia para poder ayudar y sanar a todo aquel que lo requiriera. Al ver el sincero interés del joven, el maestro espiritual decidió darle la clave mediante la cual accedería a todas las riquezas del mundo. Le contó que en el corazón de cada hombre residen dos diosas, de las cuales todo ser humano está enamorado.

Que es la Diosa del conocimiento, y que es la Diosa de la riqueza.

El maestro aconsejó al joven que amara y buscara con todo su corazón a la diosa del conocimiento, al hacerlo la diosa de la riqueza, se pondrá celosa y hará lo posible para que el joven le preste atención y para lograrlo le otorgará todas las riquezas que el desee.

La moraleja de esta fábula es simple, cuanta más atención se le preste a la **SABIDURÍA**, al conocimiento, más nos seguirá la **ABUNDANCIA**. La mayor parte de la gente concentra su energía en adquirir riqueza en lugar de concentrar su atención el aprender y saber cada día más.

Lo que quiero decir con esto, es que el conocimiento de nosotros mismos y de diversos temas en general nos lleva a la abundancia en los diferentes aspectos de nuestra vida.

Cuando la abundancia se presenta uno se pregunta dónde había estado todos estos años.

3 pasos para el cambio.

1. *Identificar el problema y querer cambiar.*

Tal como una persona enferma de alcoholismo, antes de cambiar tiene que aceptar que tiene un grave problema, de la misma forma, si tienes una mentalidad de escases, hay que identificarlo para poderlo cambiar.

¿Cómo sabes que tienes una mentalidad de escases? Bueno si tienes baja auto estima, es decir si no te quieres tu misma (a) si te conformas, si dejas las cosas a medias, si ya no quieres aprender.

Una vez identificado el problema vamos al paso 2.

2. *Tomar acción con nuevos hábitos.*

El primer paso tienes que empezar a quererte, sí así es, este paso es muy importante, primero tú, ¿cómo vas a querer o amar a los demás si no te amas?, empieza arreglándote diferente, siéntete guapo, bella, claro que sí y si alguien se burla de ti, hazlo a un lado de tu vida, mándalo directito a…. bien lejos.

Recuerda eres TU primero.

Otro factor importante es terminar lo que empiezas, ponte metas paulatinas, es decir de sencillas a cada vez más complicadas, poco a poco, obséquiate algún tipo de regalo por pequeño o grande que sea pero empieza a sentir que mereces las cosas buenas de la vida.

3. *Piensa en grande.*

Este punto es importante y viene acompañado de que es lo bueno, lo suficiente, lo abundante para ti y tu familia, quiero aclarar esto, porque nos han vendido el éxito como algo muy grande, como se millonariooo, se ricooo y hay gente que eso quiere y se preparó para eso, y hacer hincapié en que el ser abundante, el que tiene lo suficiente para vivir con paz y en armonía con los demás, no necesariamente se trata de tener lo que otros tienen, se trata de tener lo que tú quieres y necesitas; eso sí, siempre en abundancia; recuerda, lo que es abundante para ti tal vez para otra persona no lo es, aquí lo importante es lo que tú quieres.

Y en este tema es abundancia no solo en la parte financiera, es abundancia interna, espiritual porque todo comienza desde adentro.

Piensa que eres capaz de lograr todo lo que quieres y que puedes llegar a tu propio éxito, es decir darle a tu familia lo que quieres es tener lo suficiente y más. Piensa en grande, si en tu mente hay poco o tienes metas muy pequeñas eso es lo que vas a lograr y tengo que decirte que poniendo en la mente metas grandes y creer que las puedes lograr, así será... date cuenta que cuando alguna vez en tu vida quisiste lograr algo, lo creíste, así fue y lo obtuviste, así pasa en todo, entonces piensa en grande y ve alcanzando metas de manera paulatina.

Ya no seas de las personas que ponen excusas para todo, tú puedes más.

Visualízate logrando lo que tú quieres, piensa en grande y positivamente.

Gratitud

L a vida es un regalo y la gratitud es un imán.

La definición general es: Se conoce como **gratitud** a un **sentimiento de reconocimiento o agradecimiento que una persona tiene hacia quien le ha hecho un favor**. La palabra gratitud es de origen latín *"gratitudo"*.

Los sinónimos de gratitud son: agradecimiento, reconocimiento,

Correspondencia, ofrenda, satisfacción, entre otros.

Si bien es una definición general yo tengo un punto de vista simple.

"Mi definición es, actitud de agradecimiento hacia todo"

Da gracias por lo que tienes y eso te ayudara transformara tu vida y es hasta lógico si estas agradecido por las cosas buenas y afrontar las que no te gustan porque sabes que al final todas las situaciones traen un aprendizaje que en su momento agradeceremos.

Da gracias por todo, es decir cuando te levantes da gracias, a tu pareja por estar ahí, a tus hijos, a tus mascotas, al cajero de la tienda, compañeros de trabajo, familiares, es decir a todos y a todo; si ya sé que no es fácil es muy complicado por ejemplo ante la adversidad, no obstante el agradecimiento es como un imán que atrae a su vida las cosas buenas, es todo lo contrario a las personas que siempre se están quejando de todo y de todos, nada les acomoda todo les va mal y siempre están de jeta o de mala cara, ¿cómo le va ir bien? o ¿cómo va a ser feliz una persona que siempre se está quejando?.

Cuando hay situaciones difíciles no entendemos y renegamos. No aceptamos y mientras más nos resistamos más caemos en ese pequeño mundo y nos ahogamos en un vaso de agua haciendo una situación normal en grande y de grande a enorme, catastrofisando las situaciones en lugar de agradecer y preguntarte ¿qué puedo aprender de esto? Y esto lo puedes hacer en su momento, porque si tienes una situación difícil en ese preciso momento obviamente es difícil agradecer estoy consciente de eso, ya llegara el momento indicado.

¿Qué puedo aprender de esto? tu puedes decir este tipo está loco ¿cómo voy agradecer por todo? si te sigues quejando de todo, vas a seguir como hasta el momento y cada día peor, así es. Como ves personas que se quejan de todo y todo les pasa, es hasta obvio, tantas cosas malas ponen en la cabeza que les pasa y punto.

¿Qué va a pasar si eres agradecido? 1 te vas a sentir mejor, 2 mejora tu actitud, 3 Ayudas a disminuir tu estrés y más, esto no significa que los problemas se vayan sin embargo te ayuda a ver las cosas de diferente manera con más calma y con actitud de resolver, recuerda algo verdaderamente importante, tú vas a recibir lo que le des a la vida.

Un maravilloso maestro en México llamado Miguel Ángel Cornejo contaba la fábula de un niño que estaba con su padre en una montaña, el niño fue a caminar solo y en una pequeña cañada el gritaba y la cañada le contestaba, este niño va y le cuanta a su padre espantado: ¡Papi, papi¡ la montaña habla y me dice que me odia ven a ver vamos papi, el padre acepta ir con el niño y le dijo hijo enséñame como te habla la montaña y el niño le grita TE ODIO Y LA MONTAÑA CON EL ECO LE CONTESTA TE ODIO, te odio, te odio.

El hijo le dice a su padre ya ves papi me odia te lo dije tengo miedo papi, el padre se le queda viendo y le dice hijo: la montaña no te odia solo te regresa lo que le das, ahora grítale TEAMO con toda tu fuerza y el niño así lo hace y le grita TE AMO TE AMO TE AMO y la montaña le contesta TE AMO, TE AMO TE AMO, el niño corre con su padre y le dice papi, papi dijo que me amaba, así es hijo y quiero decirte que así es la vida la vida te va a dar lo que tú le des y eso es justamente lo que recibirás.

Además si te das cuenta mientras más agradecido las cosas se ven diferentes y te sientes muy bien, la falta de gratitud nos hace no disfrutar lo que tenemos.

Algo que no aprendimos es a dar gracias por todo o por la mayoría de las cosas, es decir da gracias por la ducha de la mañana, por la comida, dale gracias a tu cama a tus mascotas a todo.

En un curso que impartí en la ciudad de México realice un ejercicio en el cual las personas tenían que escribir porque estaban agradecidos y una joven adolecente nos comentó que ella estaba muy agradecida con su cama y sus cobijas y su almohada porque sin ellas dormiría en el suelo y además pasaría frio en el invierno, a mucha gente le pareció gracioso por lo peculiar del comentario pero ella tenía razón, la chica estaba agradecida con su cama y sus cobijas y sin ellas la pasaría muy mal.

Algunas personas le dan gracias a sus mascotas por hacerles compañía, otras a sus hijos, lo que quiero trasmitirte es que mientas más cosas agradezcas en tu vida, la forma de ver las situaciones es diferente y a la madre naturaleza le gusta una persona agradecida.

Mira, cuando eres agradecido piensas diferente, caminas diferente, tu energía es diferente, tus amigos son diferentes y como consecuencia tu vida es diferente.

La diferencia de otras formas de vida en este mundo es que los seres humanos le podemos dar dirección a nuestra vida y podemos decidir hacia dónde vamos.

Es tu turno:

Has una lista de las 10 cosas o más por las cuales estas agradecido (a) solo anótalas *y al final* enuméralas en orden de importancia.

_____

_____

_____

_____

_____

_____

_____

_____

Si ya hiciste la lista te vas a dar cuenta que tienes mucho que agradecer.

Date cuenta de lo bueno que tienes.

"La gratitud en silencio no le sirve a nadie" así que si le tienes que decir a alguien lo agradecido (a) que estas díselo y punto.

Ejercicio: llama a las personas que sientes que les tienes que agradecer algo.

Examen sorpresa.

Una maestra de secundaria se da cuenta que los jóvenes se la pasan en el teléfono celular pendientes de las redes sociales y chateando; ella va manejando y se preguntaba cómo enseñarle a sus alumnos como valorar las cosas que tienen en la vida.

Llega al salón de clases y les dice examen sorpresa, obviamente a nadie le gusta, sin embargo le da una hoja en blanco a cada alumno con un punto negro en el centro.

Y les dice describan… ¿que ven en esa hoja?

Y todos los alumnos escriben que ven un punto negro en el centro de la hoja.

Ella al final lee en voz alta lo que cada uno de sus alumnos escribió.

Les dijo: eso pasa en la vida, las personas solo se percatan de lo que no les gusta (el punto negro) y no se dan cuenta las maravillas que tienen todos los días, el amanecer, una ducha caliente, tu cama, tu almohada, un trabajo, etc, etc etc.

Hay tanto que agradecer y no nos damos cuenta.

Otro *ejercicio* que puedes hacer es el siguiente, los seres humanos percibimos las cosas también de manera auditiva y este ejercicio te puede ayudar a sentirte mejor y a estar más agradecido (a):

1. *Elige una canción que te guste.*

2. *Cámbiale la letra por lo que estas agradecido.*

3. *Escríbela y cada que puedas cántala.*

Un corazón cerrado sella la fuente a la conexión de toda felicidad y alegría.

Abre tu corazón hacia la gratitud.

QUE FORTUNA TIENES.

Una de las historias de gratitud hacia uno mismo se la escuché por primera vez a mi amigo Facundo Cabral en un concierto en la ciudad de México.

Cuenta la historia.

Dios tomo forma de mendigo y bajo a un pueblo, busco la casa del zapatero toca la puerta y al abrir le dice:

El Sr.: – soy muy pobre no tengo una sola moneda encima, estas son mis únicas sandalias y están rotas, me puedes hacer el favor de arreglarlas.

El zapatero: - estoy cansado de pedir y nadie a dar,

El Sr.: - yo puedo darte lo que tú necesitas.

El zapatero: -¿tú me puedes dar el millón de dólares que yo necesito para ser feliz?

El Sr.: - puedo darte 10 millones de dólares a cambio de tus piernas.

El zapatero: -¿para qué quiero 10 millones de dólares, si no voy a poder caminar?

El Sr.: - te doy 100 millones de dólares a cambio de tus brazos!

El zapatero: ¿para qué quiero 100 millones de dólares si ni siquiera voy a poder comer solo?

E Sr.:- te doy 1000 millones de dólares a cambio de tus ojos.

El zapatero: ¿para qué quiero 1000 millones de dólares si no voy a poder ver a mis hermanos a mis amigos a mis hijos, el paisaje?

EL Sr.: - AY HERMANO, QUE FORTUNA TIENES Y NO TE DAS CUENTA.

Inteligencia Financiera

La inteligencia financiera es sumamente importante, esto es manejar correctamente y con sabiduría tus finanzas, es tener dinero y hacerlo crecer depende de las metas que tengas.

No obstante la mayor parte de la gente usa el dinero para comprarse cosas que le dan recompensas inmediatas, por ejemplo después de pagar la renta y los gastos fijos mensuales compran ropa que no necesitan, comidas en restaurantes, exceso de juguetes, etc.

Por otro lado una persona con los mismos ingresos de ese dinero que le sobra invierte en algún producto y gana un dinero extra, o ahora para en enganche (down payment) de una casa, la compra, la renta y la casa se paga sola. Son dos situaciones diferentes, una persona se gasta todo y la otra ya tiene algo para su vejez, es solo un ejemplo muy sencillo y como estos hay miles y en diferentes niveles sociales.

Déjame comentarte que soy un muy buen generador de ingresos, desde que me acuerdo siempre gane mucho dinero sin embargo el dinero no se quedaba conmigo, así fueran grandes cantidades llegaba el fin de año y el dinero se había ido o ya debía, y decía ¿en dónde está el dinero? que es lo que pasaba si yo soy buen generador y no sabía cómo retener y multiplicar mi dinero, al estudiar Análisis transaccional, neurolingüística y neurociencias, descubrí que yo tenía una programación mental porque desde niño experimente dolor con el dinero, escuche cosas como el dinero pudre a las personas, los ricos son malos, el dinero no crece en los árboles, dinero sucio que nada vale, aunado a eso me tocó ver a mis padres discutiendo por dinero, y si a eso le agregamos las novelas en la televisión, más las películas del estilo de Pedro Infante a donde el protagonista era un muy buen hombre y cuando por fin tiene dinero se vuelve malo y abandona a su mujer y bla, bla bla la historia te la imaginas y todas esas cosas no solo a mí, sino a muchas personas les programaron de manera incorrecta su mente.

Lo que pasaba conmigo es que mi mente relacionaba al dolor con el dinero, con sufrimiento e inconscientemente perdía mi dinero lo cual durante años causo muchos problemas a mí y a mi familia.

La historia es sencilla y le pasa a muchas personas, avanzan ganan más dinero pero cada día están más endeudadas, mas pagos en las tarjetas de crédito por esta razón te compartiré la siguiente la siguiente historia:

La historia de Pedro.

Pedro es una persona normal con su esposa, 2 hijos, auto y tenía un trabajo donde le pagaban un buen sueldo según sus amigos y familiares, él se esforzaba cada día en su trabajo y ganaba la cantidad de $1500 dólares mensuales, pese a que ese dinero no le alcanzaba y seguía teniendo muchos problemas económicos, los cuales hacían que discutiera constantemente con su esposa, el tiempo sigue pasando y gracias a su esfuerzo y su constante preparación, un día es llamado por el director general de la empresa donde trabajaba, el cual le da la noticia de una promoción en su trabajo y ahora Pedro va a ganar 3 veces más de su sueldo original, ahora le ofrecieron ganar $4500 dls. por la gerencia de su compañía y obviamente acepta.

Todo apunta a que los problemas económicos de Pedro se van a resolver y ahora la pregunta es: ¿eso va a resolver sus problemas financieros? Probablemente de inmediato si, pero a la larga como no tiene una buena preparación financiera Pedro no se da cuenta y hace las siguientes cosas:

Como ya hay más dinero, ahora Pedro va a tener lo que siempre ha soñado, de esta forma el primer paso que toma es cambiarse de casa, a los niños los cambian a escuelas privadas y como la casa es nueva y más grande, hay que comprar muebles nuevos "claro", aunado a todo eso la esposa quiere un auto nuevo obviamente, ahora Pedro está más endeudado que antes y vuelve a caer en el círculo vicioso que tenía antes de ganar mucho menos dinero y ahora la cantidad de sus deudas son más altas.

Y realidad eso pasa con la mayoría de las personas por no tener una educación financiera, tal vez te puede pasar a ti o ya te paso por esa razón es muy importante estar atentos y saber cómo manejar correctamente nuestro dinero.

Como te comente al principio, me paso sabia generar dinero pero lo gastaba porque no tenía la información adecuada para saber cómo hacer crecer mi dinero día a día.

Antes de algunas soluciones es importante que tengas presente que una persona con mente rica es una persona que es financieramente libre, ok definamos esto.

Una persona con una mente de escases (pobre) es la persona que vive al día, debe las tarjetas de crédito, no le alcanza lo que gana, mucho trabajo para pagar todos sus gastos mensuales, debe dinero y en fin casi siempre esta con apuros económicos.

Una persona con mente financieramente abundante (rica) es la persona que tiene lo suficiente, de sus ingresos cubre sus gastos, tiene para vacacionar, puede ahorrar y además tiene ingresos adicionales, es decir puede tener casas en renta, regalías es decir ingresos residuales o tal vez tiene un negocio que camina solo en el cual no necesariamente necesite estar el presente para poder disfrutar y viajar, puedes decir pero ya estoy grande, o no puedo o es muy difícil o lo que quieras, pero quiero decirte que nunca es tarde para empezar y que una persona con propósito logra más en 5 años que lo que en toda una vida si esta desenfocado.

Inclusive cuando un sujeto es ambicioso está mal visto y esa es parte de la cultura hispana, se relaciona la ambición como algo malo como un ser mezquino y en realidad es un individuo que quiere superarse, una persona que quiere salir adelante.

Recuerda la riqueza empieza en la mente y reiterando que lo más importante es tu éxito, lo que tú quieres, pero nos han vendido como ser multimillonarios y se vuelve inalcanzable, recuerda que se trata de ser abundante en los diferentes áreas de nuestra vida, personal, espiritual, familiar, económica y hasta social.

Antes de todo esto tienes que aceptar que has tenido una mente de pobreza y después de esto tienes que dejar de tenerle miedo al dinero, aceptar que el dinero es bueno y te lo mereces.

Causa de la pobreza.

Mientras sigas teniendo en mente creencias negativas acerca del dinero nunca vas a tener riqueza en ese aspecto.

Velo de esta forma, tu mente tiene como archivos de computadora los cuales dictan la forma en que actúas en tu vida esos archivos les vamos a llamar programaciones y como una computadora si cambias los programas va hacer cosas diferentes.

Así funciona en nuestra mente, por más ganas que le pongas si los archivos en tu mente están programados con escases, con pobreza etc. No vas a tener resultados diferentes.

Dicho de otra forma: Tus Programaciones te guían a pensamientos, los cuales te llevan a sentimientos después acciones y finalmente a resultados.

"cuando cambias tus programaciones, cambian tus pensamientos, tus sentimientos tus acciones y resultados cambian"

7 Excusas que te mantienen anclado a la pobreza

1. *Nací pobre.*

Una de las auto mentiras que las personas se hacen es "nací pobre" y por esta razón es muy difícil que salga adelante, además de todo les encanta compadecerse y lamentarse por su situación, pero quiero decirte que en la actualidad hay muchas oportunidades para salir adelante y tenemos miles de ejemplos de personas que salieron adelante, hoy estamos tan conectados con tecnologías que hay personas que hacen dinero desde su casa, todos los días conocemos personas que eran pobres y salieron adelante, es importante saber que si tu naciste sin recursos económicos tienes oportunidades todos los días para superarte, sin embargo tienes que pagar el precio por lo que quieres para lograr tus sueños,

Nací pobre Es una de las programaciones más fatales que puede tener un ser humano por que le crea rencor hacia los que sí tienen abundancia e incapacidad para creer que puede lograr algo importante en su vida.

2. Los ricos son malos e infelices.

Algo que nos han hecho creer los medios de comunicación en películas y en ocasiones hasta la religión es que las personas ricas son malas e infelices, por ejemplo en México, existían las historias en las novelas de la chica pobre que se enamora de un rico malo que se vuelve bueno, y a los espectadores les encantaba eso; o en la época de mis padres eran las películas de Pedro Infante y si bien era un actor carismático el mensaje de algunas de sus películas era que el dinero era malo y que pudría a las personas, de hecho en la película de Pepe el Toro, él es pobre y bueno, cuando hace dinero se vuelve malo, mujeriego hasta que pierde todo y a lo que más quería… su hijo, de hecho se hizo muy famosa la escena cuando el llora por que su hijo está muerto y grita Toritooo.

Continuando con este tema dime ¿qué persona quiere tener dinero si siente que le va a pasar algo así?... ¿puedes decir eso que tiene que ver?, tiene todo que ver por qué crea miedo en la mente subconsciente y se convierte en una mala programación.

3. Dios quiere que sea pobre.
Una frase célebre es "Si Dios quiere" ¿tú crees que Dios quiere que estés enfermo? ¿Mal económicamente? ¿o infeliz? Lo que pasa es que a muchas personas les hicieron creer eso, y déjame decirte que si Dios hablara te darías cuenta que si insistes en algo que tú quieres y eres creyente todo llegara a su tiempo. Pero si te encuentras a una persona en la calle y te pregunta ¿cómo estás? Y tú le contesta aquí jodido, ¿cómo quieres que las cosas cambien? recuerda que Dios te dio libre albedrío lo cual significa que te dio el poder de que tú tomes la decisión de salir adelante o de quedarte atrás y seguirte quejando.

4. *Culpa por tener dinero.*

Existen personas que sienten culpa inconscientemente por tener dinero porque tanto en la tv, religión, familia etc. Le hacen sentir a las personas que ya no son parte de ese grupo de personas y como consecuencia pierden el dinero que logran hacer, inclusive es tan fuerte que siente que no se lo merecen.

5. *El dinero es la raíz de todos los males.*

Cuantas personas tienen esa frase, es hasta ridículo pensar así porque el dinero no piensa, no actúa, es la persona la que toma la decisión de hacer con el dinero lo que él o ella quieran, sin embargo ¿cómo una persona va a tener abundancia financiera? mientras siga pensando así.

6. *Hay que trabajar muy duro.*

Y si lo piensas los que más trabajan no necesariamente son los que más dinero tienen, sin embargo los ricos trabajan menos o igual de manera más inteligente. Si lo piensas de todas maneras trabajas duro sin una recompensa justa.

7. *La riqueza no da felicidad.*

Es lo más común, lo dicen personas que no tienen dinero o que creen que no pueden generar más y si bien primero es la salud y el amor, cuando tienes dinero es más fácil pagar el médico, pagar la universidad de tus hijos, ayudar a otros, viajar por el mundo con nuestra familia; es decir podemos hacer cosas que nos generen momentos de felicidad etc. Otra vez y debido a esto ¿quién querría tener dinero?... si el dinero es malo según lo que te dijeron cuando eras pequeño. Y es hasta que una persona cambie sus programaciones, es cuando va a cambiar su situación.

Tú puedes cambiar tu percepción del dinero y afirmar que el dinero es bueno y te lo mereces, lo merece tu familia cree que te mereces las cosas buenas de la vida, de hecho son para todos.

Haz estas afirmaciones.

"El dinero es bueno y me lo merezco."
"Mi mente es abundante"

Recuerda tu situación actual es el resultado de tu situación interna.

Soluciones para generar más dinero.

Primero tienes que saber cómo te encuentras económicamente, es decir has una lista de tus gastos, de todo; inclusive los expertos recomiendan que durante un mes lleves una lista de todo lo que gastas para que veas en que se te va el dinero.

Es tu turno:

LISTA DE GASTOS.

_____

_____

_____

_____

_____

_____

_____

_____

_____

Total. $_____

Cuando ya sabes a cuánto ascienden tus gastos ya tienes un punto de partida y sabes cuánto necesitas para logar tu punto de equilibrio y lograr tus metas.

Desde el punto de partida.

Ya que sabes cuánto gastas mensualmente.

Define cuáles son tus metas, anótalas y elige cual es la más importante y entonces tendrás un punto de partida yo no vas a estar a la deriva.

LISTA DE TUS METAS FINANCIERAS.

_____

_____

_____

_____

_____

Resalta cual es la más importante para ti y trabaja en ella hasta que la logres.

Ahora las metas pueden ser en la diferentes áreas de tu vida, física, económica, espiritual

Por ejemplo quieres bajar de peso y ganar más dinero esto si se puedes hacer simultáneamente.

Ideas para generar más dinero, extra.

Cuando se trata de dinero extra es importante tener en cuenta las diferentes alternativas que tienes, además de saber si tienes que invertir, o cuanto tienes que invertir.

Algunas ideas.

Vender algún producto. En la actualidad existes cientos de empresas que te ofrecen excelentes productos con muy buena calidad y a muy buen precio y te ofrecen una ganancia venta al público desde un 25% hasta un 60%. Zapatos, colchas, joyería, nutrición etc. Lo mejor de estas empresas es que no tienes que hacer una gran inversión para empezar.

Venta por internet. Si eres una persona emprendedora y tecnológica puedes probar vender algún producto en Amazon o en eBay o Alibaba o mercado libre esto depende del país en donde te encuentres, son páginas que te ofrecen el servicio, tu pones el producto y ahí se publicita, si quieres más información en la página de videos YouTube tienes tutoriales que te dan información de cómo vender tu producto. En este caso tú tienes que conseguir el producto y lo puedes hacer en internet y revenderlo, o algún producto que tu tengas.

Redes de mercadeo. O el llamado Network Marketing es para personas emprendedoras, personas que además de querer un ingreso extra quieren un ingreso residual, es una industria de más de 60 años y se trata de vender o recomendar productos e invitar a otras personas hacer lo mismo, es importante elegir bien la compañía:

1.- Que tenga productos innovadores.

2.- Excelente servicio al cliente.

3.- Plan de comisiones atractivo y fácil de entender.

4.- Que tenga una misión relevante.

Nota: este tipo de empresas promueven, seguros de vida, abogados, cosméticos, productos nutricionales, café entre muchos más. Personalmente conozco personas que han sido persistentes en esta industria que les ha ido muy bien y conozco otras que solo ganan un ingreso extra de $500 dls. Mensuales y para ellos está bien porque son ingresos extras.

Enseñar lo que sabes. Es decir si tú tienes conocimiento de algún tema en específico puedes dar clases de lo que tú sabes, por ejemplo: manualidades, contabilidad, otro idioma, tejer, coaching, tocar algún instrumento etc. Algo que tú seas experto, obviamente cobrando.

Es importante mencionar que estas ideas son para tener ingresos extras sin dejar de hacer lo que haces actualmente.

Esas solo son algunas ideas y seguramente existen muchas más, lo más importante es que tu tengas idea de donde estas en este momento y donde quieres estar.

Saliendo del problema.

Cuando tú generas ingresos extras es importante como ya lo mencionamos que logres tu punto de equilibrio, para entonces llegar al siguiente paso.

Una vez que tú ya tengas tu punto de equilibrio y el dinero te esté sobrando lo que puedes hacer es juntar para estas diferentes alternativas:

Compra de casa o apartamento de inversión.

Si tú ya tienes una propiedad o no, esto es importante.

Lo numero uno que necesitas es revisar el crédito que tienes y después necesitas juntar el enganche (dowpayment o anticipo de compra) de una casa o apartamento. Si ya tienes una casa recuerda que esto es una inversión, para que generes ingresos sin trabajar y así con otra y otra, eso te ayuda a tener un retiro digno, a esto se le llama esa persona vive de sus rentas.

Invertir en acciones. (Con asesoría) cuando tienes dinero excedente otro ingreso te lo puede dar la compra de acciones con asesoría.

Poner un negocio que funcione solo. ¿Cómo que un negocio que funcione solo? *Es decir un negocio que funcione sin que tú estés, es* *que puedas salir y el negocio funcione con tus empleados, porque si no es un auto empleo y las personas se vuelven esclavos del mismo negocio.*

Sin embargo antes de iniciar, necesitas tener manuales de cómo funciona y que va hacer cada persona, cuales son las metas y lo más importante es que tengas tu estrategia de ventas, obviamente cuando tu negocio empiece ahí vas a estar y el objetivo principal es que funcione sin ti para que no te quedes estancado, recuerda lo más importante es que hagas dinero y que disfrutes de la vida. Tal vez digas es muy difícil, tan solo "se trata de ser organizado" e implementar un sistema.

"Y recuerda eso que emprendas procura que te guste, para que sea un placer emprender ese nuevo proyecto"

7 Reglas del libro
"El hombre más rico de Babilonia"

1. Ahorra el 10% de todo lo que ganes. *Sé que resulta difícil ahorrar el 10% para muchas personas por que tal vez estés viviendo al día, lo puedes hacer poco a poco empezando con un 3 o 5% y eso te llevara al 10% recuerda págate a ti primero.*

2. Controla tus gastos. *Es decir gasta solo en lo necesario, muchas personas no se dan cuenta de que gastan de más en cosas triviales, lo que puedes hacer es hacer una lista de todos tus gastos y elimina los innecesarios.*

3. Haz que tu dinero trabaje para ti. *Cuando ya tengas algo de dinero acumulado inviértelo inteligentemente, recuerda no es para gastarlo y además las ganancias también deben ser invertidas para que tu dinero realmente crezca.*

4. Protege tu tesoro. *Invierte tu dinero solo con expertos, no confíes tu dinero a personas que no saben lo que hacen.*

5. Haz de tu casa una inversión rentable. *Se recomienda que tengas una casa propia la cual te motive a ir por más.*

6. Asegura los ingresos para tu futuro. *Tus inversiones deben ir creciendo con el tiempo para que puedas vivir de esos ingresos.*

7. Aumenta tu habilidad para ganar dinero. *Como ya sabemos la práctica hace al maestro y la idea es que cada día y cada año seas más hábil para generar ingresos.*

Recuerda que en todos los casos mantén tus gastos personales bajos si no lo haces podrías regresar a como estabas antes.

Muchas personas les encanta comerse su éxito lo cual significa "A gastar se ha dicho" y como ya lo vimos en este capítulo olvida ese paradigma, tienes que empezar con una nueva forma de vivir financieramente libre.

Recuerda tu puedes tener éxito saliendo de tu problema aun si todavía no ganas lo que quieres, y esto es porque tienes control de tus gastos.

El fracaso, fuente de inspiración

Como lo comente en el prólogo yo no creo que el éxito sea instantáneo o que existan fórmulas mágicas para bajar de peso sin dietas ni ejercicio, eso no existe y las personas se dejan engañar por comodidad o por incrédulas, el éxito viene con una serie de pequeños fracasos y nosotros determinamos como los queremos tomar, de manera negativa te puede hundir más y llevarte a una vida de frustración o de manera positiva te hace más fuerte te da experiencia para no cometer el mismo error, estas experiencias te inspiran todo depende de cómo lo veas.

Por ejemplo la mujer que se divorcia y lo ve como un fracaso de manera negativa puede pasar años sintiendo culpa de algo que es de 2 personas, y que no funciono; o el divorcio de manera positiva puede verse como ya no se llevaban bien, no eran compatibles etc. Y ahora por su cuenta cada quien es feliz y ambos por separado siguen adelante, es ilógico seguir con una persona que te maltrata o que no muestra indicios de que te quiere, no te valora, te hace perder tu individualidad aquí fracaso seria estar en una relación insana, infeliz y sin futuro.

Esto por poner solo un ejemplo, puede ser en los negocios, en el trabajo en la escuela, en algún proyecto en el cual tenías mucha esperanza pero no te funciono, el caso aquí es como lo vez y como sales adelante.

O el empresario que arriesga todo y fracasa sin embargo al poco tiempo lo ves triunfando nuevamente.

Conocí un joven emprendedor con una gran actitud, que siempre estaba buscando nuevas oportunidades sin embargo las cosas no se le daban, al conversar con él me confió que ya estaba desesperado, él ponía todo su empeño y no pasaba nada que él se seguía preparando y no le resultaban bien las cosas, él me comentaba que casi siempre que estaba a punto de lograr algo importante, y por alguna vicisitud no sucedía como él quería, bueno entonces tuve una charla con él y me hablo de su niñez, y ahí descubrí que tenía un freno psicológico y no se daba cuenta, sus padres siempre le decían cosas negativas y lo menospreciaban, de esta forma él no se sentía merecedor de las cosa buenas de las vida y el sin querer se auto saboteaba fracasando en lo que intentaba, y si lograba algo al poco tiempo cometía algún error que ya no le permitía brillar hasta que se dio cuenta cuál era su problema real y lo saco adelante, y primero reconoció que tenía un problema real y segundo había creado tanto dolor por todos sus fracasos que ya no quería volver a sentir ese dolor así que empezó a tener logros paso a paso, y hoy es un exitoso padre de familia además de un empresario muy prospero.

Recuerda el fracaso te crea dolor y no te acostumbres porque se quedara ahí por más tiempo de lo que esperas!

Una de las historias que más me gusta compartir acerca del fracaso es la del ex presidente de los Estados Unidos.

Abraham Lincoln

7 años – Tuvo que empezar a trabajar para ayudar al sostenimiento de su familia después que tuvieron que abandonar su casa.
9 años – Su madre murió.
22 años – Fracasó en sus negocios.
23 años – Fue derrotado en las elecciones de Legislador. No pudo entrar a la Facultad de Derecho.
24 años – Se declaró en bancarrota y pasó 17 años pagando deudas a sus amigos.
25 años – Fue derrotado nuevamente en las elecciones de Legislador.
26 años – Cuando estaba a punto de casarse, su novia falleció y quedó con el corazón destrozado.
27 años – Tuvo una crisis nerviosa y pasó 6 meses en cama.
29 años – Fue derrotado en las elecciones para Representante del Estado.
31 años – No pudo formar parte del Colegio Electoral.
34 años – Derrotado en las Elecciones al Congreso.
37 años – Derrotado nuevamente en las Elecciones al Congreso.
39 años – Derrotado por tercera vez en las Elecciones al Congreso.

40 años – No fue aceptado para un trabajo como alto funcionario de su Estado.

45 años – Derrotado en las Elecciones para el Senado.

47 años – Derrotado en las Elecciones del Partido Republicano para candidato a Vice-Presidente del País. (Obtuvo menos de 100 votos.)

49 años – Derrotado nuevamente en las Elecciones para el Senado.

51 años – Abraham Lincoln fue nombrado presidente de los Estados Unidos.

Que historia tan inspiradora o tal vez desmotivadora, como te decía depende de cómo lo ve cada quien. Cualquier persona normal hubiera desistido de sus objetivos de hecho el 95% de las personas desisten de sus sueños y sus metas a los primeros golpes que reciben lo cual los lleva a una vida de mediocridad y de frustración lo peor de todo es que muchas personas se vuelven amargados y le echan la culpa de su situación a todo el mundo hasta a Dios, pero lo que realmente paso es que no lucharon por sus sueños. Como te decía la única forma de triunfar en algo es aceptar que el fracaso es solo una experiencia y junto con el éxito vienen en el mismo paquete.

Te comparto en breve otras historias de personas famosas:

Michael Jordan

Antes de unirse a la NBA Jordan era joven común; tan común, que fue apartado del equipo de baloncesto de la escuela debido a su "falta de habilidad".

Michael Jordan es para muchos el mejor jugador de baloncesto de todos los tiempos. Una leyenda viva que combina de forma única gracia, velocidad, poder, arte, capacidad de improvisación y un deseo competitivo que nunca se apagará.

Según sus propias palabras, *"He fallado más de 9.000 tiros en mi carrera. He perdido casi 300 juegos. En 26 ocasiones se me ha confiado para tomar el tiro que ganaba del juego, y fallé. He fallado una y otra y otra vez en mi vida. Y es por eso que triunfe"*

Albert Einstein

Cuando Einstein era joven sus padres pensaban que tenía alguna deficiencia mental. Sus calificaciones en el colegio eran tan pobres que un maestro le instó a que se marchara diciendo: "Einstein, ¡nunca llegarás a nada!" Además, no empezó a hablar hasta los 4 años, ni a leer hasta que tuvo 7.

Se le considera el científico más importante del siglo. 20, y es conocido por su brillante trabajo como físico teórico. Fue galardonado con el Premio Nobel 1921 de Física por su explicación del efecto fotoeléctrico en 1905 y "por sus servicios a la Física Teórica".

Walt Disney

Disney empezó su propio negocio desde el garaje de su casa, y su primera producción de dibujos animados fue un fallo memorable. Durante su primera rueda de prensa un periodista le ridiculizó "porque no tenía buenas ideas en la producción cinematográfica".

Fue productor de cine, director, guionista, actor de doblaje y animador. Disney fundó una compañía de producción y se convirtió en uno de los productores cinematográficos más conocidos del mundo. La corporación, ahora conocida como la Compañía Walt Disney, tiene unos ingresos medios anuales de 55.000 millones de dólares. (55 billones)

Steve Jobs

A los 30 años de edad se quedó devastado y deprimido tras ser apartado de la compañía que él comenzó, Apple, después de una lucha de poder con el Consejo de Administración en 1985. Más tarde, sin ceder, levantaría la adquisición de la división de gráficos por ordenador de Lucasfilm; volvió a tomar el control de su empresa comprando Apple cuando ésta estaba al borde de la quiebra.

Fue empresario e inventor, conocido por ser el cofundador, presidente y director ejecutivo de Apple Inc. A través de Apple consiguió ser ampliamente reconocido como un pionero carismático de la revolución de la computadora personal. Por su influyente carrera en el equipo y los campos de la electrónica de consumo transformó "una industria tras otra, desde computadoras y teléfonos inteligentes a la música y las películas." Jobs, que también cofundó y fue presidente ejecutivo de Pixar Animation Studios, se convirtió en un miembro de la Junta directiva de la compañía de Walt Disney en 2006, cuando Disney adquirió Pixar.

Marilyn Monroe

En 1947, cuando llevaba un año en su contrato, Marilyn Monroe fue lanzada por la 20th Century-Fox y su productor pensó que era poco atractiva y no podía actuar. ¡Pero eso no la detuvo para nada! Ella siguió su camino y, finalmente, fue reconocida por el público como el icono del siglo 20.

Comparto estas historias contigo para que te des cuenta que las personas que han sido exitosas y famosas pasaron por cosas poco agradables y también tuvieron un sinnúmero de fracasos los cuales pasaron con valor, preparación, actitud, fe y una gran persistencia.

Así que si algún día tienes un fracaso sigue adelante ajusta tus velas y ve por lo que tú quieres, recuerda "nadie lo va hacer por ti"

Programaciones mentales

Eres lo que eres y estas en donde estas por lo que has puesto en tu mente.

Que es una programación mental.- Es idea que se graba en la mente de las personas ya se de forma positiva o negativa y esto es grabado por personas tienen influencia en nosotros pueden ser nuestros padres, tíos, abuelos, hermanos mayores, maestros, padres de iglesia, pastores es decir personas que tuvieron influencia en nosotros, un ejemplo clásico para explicar esto de las programaciones mentales es la siguiente:

El niño que llega con sus padre y le dice papi yo cuando sea grande quiero ser astronauta y el papa se burla de el en ese momento, en la mente limpia del niño se le queda grabado que eso no se puede, que eso es imposible y más aún si el padre o la persona de influencia sobre él niño le dice algo como: hay mi hijo eso es muy difícil, eso no se puede, se necesita mucho dinero para lograr eso y es así como al niño le ponen un ancla o freno de mano y cuando quiera lograr algo grande en la vida en su mente está, "es muy difícil, tú no puedes, está loco etc"... con esto no quiero decir que tus padres o abuelos tengan la culpa de lo que te paso, porque ellos fueron educados igual y no sabían el daño que le pueden crear a una persona, para ellos es normal.

Esto que te menciono cientos de autores lo han investigado en psicología, programaciones, neurolingüística y más, lo importante es identificar y tomar acción, porque en la mayoría de las ocasiones esas programaciones no te dejan avanzar en los diferentes aspectos de tu vida.

Recuerda tú tienes el poder de cambiar tu vida en el momento en que identifiques y empieces a tomar mejores decisiones, hagas las cosas correctamente y sigas un sistema para transformar tu vida hacia algo mejor.

Esto de las programaciones negativas lo comparaba un psicólogo llamado Frederic skinner (principal representante del conductismo) el cual hacia experimentos con animales y en una ocasión realizo un experimento con pulgas amaestradas se informa para ver cómo es que una pulguita que normalmente podía brincar has 15 o 20 centímetros ¿Cómo es que solo brinca 5 centímetros? La respuesta la encontró en un frasco de comida para bebes concretamente en uno de Gerber metió la pulga y lo cerro, el observo que la pulga brincaba y se pegaba una, otra y otra vez, hasta que empezó a brincar al ras de la tapa y así ya no se pegaba, cuando la sacan del frasco después de algunos días la pulga ya solo brincaba hasta el ras de la tapa y ya también estando fuera del frasco, Skinner menciona que eso le pasa a la mayoría de los seres humanos pero el frasco es su casa y las tapas son las cosas que le dicen sus padres o las personas de influencia como lo comente anteriormente, eso no puedes, está muy alto para ti, estas tonto, que loco etc.

Otro ejemplo es el del elefante que esta agarrado de una cadena en el cuello y la cadena está amarrada de un clavo muy grande enterrado en el suelo, al principio esta clavado por varios años y después al paso del tiempo ya solo está la cadena en el cuello del elefante sin embargo el ya no se puede mover porque su mente quedo condicionada a ese clavó y cadena, seguramente has visto esta foto en algún lugar y si no imagínatelo.

Ahora de igual forma que en el anterior ejemplo, pasa lo mismo con los seres humanos ya no tienen a las personas que los criticaban que significan la cadena y aun así siguen sin moverse.

Tú eres lo que crees que eres.

O dicho de otra forma tú eres lo que te hicieron creer que eres.

Henry Ford decía, si una persona cree que no puede. Tiene razón y si cree que puede, también tiene razón, lo que quiero decir es que tú eres lo que crees que eres, tú eres lo que piensas de ti mismo y este punto es muy importante por qué es lo que definitivamente te lleva hacia tu propio éxito, son tus creencias lo que hace que estés más tiempo en el circuito positivo o negativo, lo creas o no… funciona, o es tan ilógico pensar que una persona con creencias negativas va a avanzar en su vida, ¿cómo podría ser? si siente que no sirve, si siente que no vale, si siente que no es importante, si su autoestima es baja, ¿cómo vas a ser prospero? una vez más recuerda que nos convertimos en lo pensamos y creemos.

Ahora bien la vida como tal tiene grandes retos y hay que superarlos, hay que enfrentarlos y tenemos 2 opciones:

Con todo y hacia adelante encontrando soluciones o buscando excusas para no resolver. Y quejarse como toda la gente, te puedes quejar de Dios, del país, de tus hijos, de tu pareja, de tu trabajo, de tu jefe, de tu iglesia, de tus padres, de tu familia etc… si quieres ser feliz empieza por decidir el cambiar tus creencias y la forma en como estas llevando tu vida hasta el momento.

Además con creencias negativas todo el organismo se reciente empiezas a enfermar a todas tu células debilitando tu sistema inmune reduciendo tus defensas y al final enfermando, recuerda que dentro de nuestro organismo existe una gran energía y es maravillosa pero puede ser destructiva y todo empieza por la forma de pensar wow, increíble pero cierto, ¿conoces gente que todo le pasa? como que atrae las cosas negativas a su vida, tal vez no creas en eso, pero es lógico una persona que se queja de todo es normal que todo lo malo le pase, con el principio que ya explique, la persona que se queja de todo le da la orden a su mente de manera inconsciente para que las cosas le salgan mal, más adelante hablaremos de un tema maravilloso que es la mente consciente, inconsciente y universal lo cual te puede ayudar a cambiar la forma de ver la vida.

En una ocasión hace aproximadamente 30 años uno de mis Maestros me comento que a través de afirmaciones podía cambiar mis creencias, en ese tiempo yo ya impartía un seminario sensacional llamado transformación era y es maravilloso y a pesar de eso no tenía mucha asistencia; en una ocasión dije a mi maestro es que yo soy malo para hacer negocios, se impartir seminarios y conferencias muy bien y me encanta pero me falta saber negociar y el me dijo: esa es tu creencia, Manuel has ayudado a miles de personas sin embargo no te habías dado cuenta de que tú tienes una creencia negativa cámbiala a *"soy un excelente negociador"* me dijo que anotara esa frase en una tarjeta, así lo hice y me dijo que la viera todas las noches y todas las mañanas y cuantas veces la pudiera ver en el día, así lo hice, el resultado al paso de 6 meses ya estaba impartiendo mi seminario a más de 15 compañías y con mucho éxito, como mágico, solo cambie y tome acción inmediata, hay gente que le dice ley de atracción puede ser... ya lo hablaremos más adelante; pero si te das cuenta es lógico, cambie mi creencia, mi actitud y todas mis acciones que ahora estaban dirigidas hacia hacer negocios y como se dice ME LA CREI y así paso, esa es la magia de la mente pero los más lindo es que tú tienes el poder en tus manos, tú tienes el poder de transformar tu vida a una vida de abundancia y placer o a una vida triste y gris... de ti depende.

Por otro lado puedes decir que bien lo que escribe este tipo, pero él no sabe todo lo que tuve que pasar, él no sabe de mi pobreza, él no sabe de mis padres, él no sabe de todo lo mala que fue mi vida y es cierto NO LO SE. Pero lo que si se, es que cuando te sientas desdichado voltea hacia al lado y van a existir personas con problemas reales y muy fuertes y no los usan como excusa para no hacer algo.

En una ocasión estaba muy estresado mi asistente no llego a trabajar y tenía que recoger una serie de cheques para pagar la nómina y ahí no se puede fallar, imagínate este cuadro: viernes de quincena en la ciudad de México y yo tenía un vuelo hacia Cancún por la noche porque tenía una conferencia el sábado por la mañana, Me traslado de la colonia Roma hacia el toreo de cuatro caminos, llego con en 1 hora y 15 minutos dejo mi auto en el estacionamiento de un cine y empiezo a caminar en la banqueta llena de gente y puestos ambulantes de comida de repente siento que alguien me jala el saco y era un chico como de 14 años sin piernas trepado en una tabla con ruedas, en sus manos llevaba unos pedazos de madera en los cuales en la parte de abajo tenían un pedazo de suela de llanta y con ellos él se impulsaba, bueno jala del mi traje, volteo hacia abajo, meto la mano a mi bolsillo y saco un billete de $20 pesos (como $1 de dólar) se lo doy , rápidamente me dice no señor yo no pido limosna y le dije quédatelos y me dijo no señor con ese dinero le alcanza para estos dos cuadros, eran unas tablas con pensamientos positivos hechos con un cautín, los escogí le sonreí le di las gracias y me fui, camine aproximadamente 100 metros más, llegue al edificio a donde iba me subo al elevador y mi voz interna comienza a regañarme tu quejándote renegando molesto y ve a ese chico sin piernas y no te acepto tu limosna, debería darte vergüenza, si medio vergüenza conmigo mismo para ser honesto, sin embargo me ayudo a saber que cuando nos quejamos de algo siempre hay alguien en peores condiciones que nosotros y no se quejan.

En otra ocasión hace más de 15 años me encontraba manejando y un joven en silla de ruedas se acercó a mi coche y le pregunte por que su silla era diferente a las demás y me dijo que era competidor olímpico y me dijo que si lo apoyaba porque no tenía para el transporte yo le pregunte ¿y no te apoya el comité olímpico? y me dijo que si pero que no le alcanzaba, sin embargo ese chico tenía esa mirada de determinación de quien sabe hacia, a donde se dirige, lo apoye platique unos minutos con él y me fui, aquí lo que quiero decir en primera instancia, no tenía piernas segundo pedía dinero para ayudarse a lograr su meta y tercero las personas con capacidades diferentes en México en ese tiempo tenían más medallas que las personas con piernas y con todo el apoyo.

Recuerda depende de las creencias que tengas en tu vida, y así hay cientos de ejemplos no solo de gente común sino también de gente famosa que logran hacer de su defecto una virtud.

Lo importante es que está en tus manos, hacer lo correcto para tu vida.

Auto sabotaje

Es importante mencionar después de lo anterior que muchas personas de manera inconsciente se auto sabotean y lo peor de todo es que no se dan cuenta de lo que les pasa y eso les afecta en su vida, veamos estos ejemplos.

La persona que está a punto de lograr algo importante en su vida y comete un error y lo echa todo a perder.

O la persona que ya le van a dar un trabajo, ya lo tiene en teoría y tiene una mala actitud y ya no lo obtiene.

O la persona que va a lograr un ascenso y de igual forma comete algún error y ya no lo promueven.

O el joven que va a meter el gol del triunfo y envía el balón para el otro lado.

Como dice un comentarista de futbol soccer muy famoso en México llamado el perro Bermúdez *"la tenía era suya y la dejo ir"*

Esto también viene amarrado de las creencias que tienen esas personas y de lo que les dijeron sus padres o alguien importante en su infancia, por ejemplo:

TU NUNCA VAS HACER NADA EN LA VIDA.
AY MI HIJO SIEMPRE LA RIEGA…
TU PRIMO SI PUEDE Y TU NO.
HASTA CUANDO VAS APRENDER.
ESTA MUY ALTO PARA TI.
TU NO PUEDES PARA QUE LO INTENTAS

O si te das cuenta los padres no reconocen los pequeños logros de los hijos y el hijo para llamar la atención hace algo malo para ser tomado en cuenta.

¿Cómo? Si los niños están jugando en la sala, la mamá como están bien no les hace caso y los deja mientras está haciendo otra cosa, los hijos por accidente rompen un plato y la madre los castiga, los regaña y les dice de todo.

PERO INCONSCIENTEMENTE LOS NIÑOS QUERÍAN LLA-MAR LA ATENCIÓN DE LA MAMÁ Y LO LOGRARON.

Tú eres el responsable de lo que te pasa a menos que sea un problema externo a ti por ejemplo que la economía se derrumbó o algo externo, sin embargo conocí a una persona que su vida giraba alrededor de su madre, desde el punto de vista negativo; cuando platique la primera vez con ella le pregunte ¿por qué estudias psicología? A lo que ella me contesto: porque cuando mi mamá peleaba con mi papá, se desquitaba con nosotros no importaba la hora; otra pregunta ¿porque vas tanto al cine? y ella contestó: es que mi mamá nunca nos llevó y lo dijo con resentimiento, con molestia y eso le afecta demasiado y toda su vida gira alrededor de su madre, ella está enferma emocionalmente y ya tiene más de 40 años y sigue echándole la culpa a su mamá, el punto es que en ese momento de su vida ella es la responsable, ella tiene 1.- que reconocer su problema, 2.- buscar la solución y 3.- cambiar esa programación mental.

Solo por poner un ejemplo, que se convierte en una creencia inconsciente y de adulto cuando una persona quiere llamar la atención falla para ser tomado en cuenta. Recordemos que lo más importante para un ser humano es ser reconocido y si no es valorado como tal, hará todo lo posible para que lo tomen en cuenta aun sea de manera negativa.

A continuación te comparto algunas sugerencias para cambiar tus programaciones.

Identifica el problema, o programación. Si identificas cual es el problema que te está deteniendo va a ser más fácil que puedas avanzar, ya sea una programación de todos los hombres son iguales o el dinero no es importante o te hicieron creer y sentir cuando eras niño de alguna manera que no eras importante etc. Si lo logras identificar tus creencias negativas tienes un gran camino recorrido, porque ya sabes en que tienes que trabajar.

Decide tomar acción. Una vez identificado el problema lo más importante es tomar acción hacia su resolución, un modo simple es sustituir la creencia por otra positiva, en algunos casos es necesario contratar un coach personal o asistir a seminarios para que te ayuden a salir e incluso tener algún tipo de seguimiento o coaching, ambas muy sencillas.

Adhiere un filtro a tus pensamientos. Teniendo en cuanta que ya sabes que tienes que cambiar ya estas sustituyendo tus programaciones y tienes que estar atento a tus pensamientos para que no caigas en las creencias pasadas limitadoras, las cuales tú sabes bien que no te han dejado salir adelante y ser feliz.

Seguimiento. LO MÁS IMPORTANTE.

Como dirían por ahí: cáchate cada vez que tengas un mal pensamiento, tienes que estar listo cuando recaigas y darte cuenta de que estás haciendo y que estas sintiendo.

Cuenta tus bendiciones todos los días. SE AGRADECIDO. Muchas personas piensan que van a ser felices cuando tengan esto o aquello es decir toda su vida están esperando que su situación cambie y no viven el aquí y el ahora, pero míralo de esta manera, disfruta hoy con lo que tienes sea poco o mucho, aprende a ser feliz y a disfrutar de tus momentos en el aquí y ahora de tal forma que cuando llegue eso que esperas tú ya estas feliz y créelo es mucho más fácil vivir la vida de esta manera agradeciendo por lo que tienes ahora, salud, dinero, trabajo, familia etc. Y si no tuvieras alguno entonces tienes la gran oportunidad de hacer algo diferente y busca lo que te haga falta en tu vida.

Habito. Los pasos anteriores conviértelos en un habito desde identificar el problema, tomar acción y tener ese filtro en tu mente, los tres son importantes, por ejemplo:

Ves a una persona que está feliz y te causa de alguna envidia, ojo ahí entra tu filtro, o este otro ejemplo:

Un amigo sufrió mucho cuando era niño por la ausencia de su padre, tenían dinero y eran muy prósperos pero su padre estaba muy poco en casa. Después de años por alguna razón pierden su fortuna y el padre ya estaba en casa y él se sentía feliz por eso. El padre murió. Él ya era adulto pero nunca le iba bien con el tema del dinero. Era bueno para generarlo pero lo perdía, hasta que un día platicando en la sobre mesa yo identifico su problema solo al contarme la historia y le dije: por esa razón no sales adelante, porque tu cerebro experimentó en tu niñez dolor con el dinero y cuando ya no tenías dinero experimentó placer, él identificó y aceptó, tomó acción e hizo de esto un hábito. Al paso de solo un año es un hombre muy próspero que aprendió a poner filtros a su mente y a identificar sus creencias.

A veces el problema que tienes puede ser muy sencillo, lo más importante es que te des el permiso de identificar y tener la firme convicción de querer cambiar.

La enfermedad de todos los siglos

Las personas no avanzan en ningún área de su vida porque siempre están inventado o poniendo algún tipo de excusa.

Las excusas

¿Qué es una excusa? Es una razón lógica para no hacer algo, por ejemplo: La persona que llega tarde al trabajo y dice: es que había mucho tráfico… es lógico para la persona, claro, no pensó en levantarse más temprano, mientras que sus compañeros si llegan temprano.

O la persona que llega tarde y usa la excusa de que su abuela murió, o de un familiar enfermo etc…

O el gerente de ventas, le preguntan por qué no llego a la meta de ventas? en los últimos meses y dice es que la gente no tiene dinero, o es la época y el dueño de la tienda le dice si pero las demás si tiendas si llegaron en las mismas condiciones que usted y así pasa.

Tú eres el resultado de lo que pasa.

Tú eres el responsable de lo que te pasa a menos que sea un problema externo a ti, por ejemplo cuando la economía se derrumbó o algo externo, un terremoto, un huracán pasa y destruye todo a su paso y ahí no puedes hacer nada.

Sin embargo miles de seres humanos con mayor o menor intensidad, se la pasan echándole la culpa a los demás, al gobierno, al presidente, inclusive a Dios sin entender que la solución está en ellos.

Las excusas son como una enfermedad.

La gente la usa para justificarse y las usan todo el tiempo y es algo grave, porque de esa forma educan a sus hijos, les exigen buenas calificaciones y ellos como adultos ¿qué?

Otro ejemplo: El papá que llega con el niño y le dice - ¿que son estas calificaciones? a tu edad yo me sacaba solo 10's

Y si el niño contestara.- si papa pero a tu edad Benito Juárez ya era Presidente de México. : (

Estos son solo ejemplos y hay miles como estos, le echamos la culpa al país, a la economía, pobreteándote y viendo hacia afuera de ti, para ver a quién echarle la culpa de tu situación.

Una señora llegó me pidió coaching a través de Facebook y bueno en la primera sesión me dijo que no era feliz con su marido, yo le dije: quién tomó la decisión de casarse con él, ella dijo yo, entonces de quién es la responsabilidad, replique y ella contesto: mía....

Lo peor es que ya llevaba más de 20 años de casada, entonces le dije: por favor ya no te quejes, tú eres la que decidió estar ahí.

Cuantos ejemplos hay así, y son excusas, excusas, excusas. Porque como lo he mencionado el miedo te paraliza.

Nada te va a sacar del pozo, solo tú. Entendido de la mejor manera no hay nadie que te vaya a ayudar a salir adelante más que tú mismo, inclusive si crees en Dios, puedes orar, él te puede ayudar, *sin embargo las acciones las implementas TÚ, nadie lo va hacer por ti.*

Tú logras lo que tú crees que puedes lograr.

La gente hace las cosas por obtener beneficios o por evitar castigos como comúnmente se dice por placer o por dolor.

Es decir por evitar que le pase algo malo ya sea que lo despidan del trabajo o al niño que lo regañen sus padres, o la esposa que está cansada y tiene que hacer la comida de ese día y teme tener una discusión con su esposo y así miles de ejemplos. Por obtener beneficios por placeres. La esposa que hace la comida para agradar al esposo, el empleado que se esfuerza para quedar bien con su jefe, el niño que saca buenas calificaciones para que sus papas le compren algo que quiere mucho, o el que se esfuerza por agradar a Dios, para obtener algo.

Así funcionamos todos en diferentes situaciones en nuestra vida.

Por obtener algo o por evitar algo.

Nuestra mente funciona en base a lo que creemos.

Ejemplo:

En una ocasión en una universidad le dieron a dos grupos de 100 personas diferentes píldoras, una para energía y otra para depresión, y cada grupo obtuvo los resultados que los científicos mencionaron, y lo más curioso es que eran cápsulas de azúcar. Lo que maquinaron los científicos fue hacerlos creer que cada grupo obtendría los resultados que les dijeron con antelación y lo que pasó fue que al grupo uno le dio súper energía y a los de depresión experimentaron estados de tristeza todo el día.

Cuantas veces de alguna manera creemos alguna cosa y eso se refleja en nuestra vida, recordemos que somos seres con sentimientos y emociones pero tienes que aprender a controlarlas.

Tú eres lo que crees.

Tus circunstancias son lo que tú crees. Tú eres lo que eres y estás en donde estás por lo que has puesto o permitido que se convierta en una creencia en tu mente.

Como tú eres la suma de tus decisiones, entonces te invito a que decidas qué es lo que quieres mejorar de tu vida y ponle acción.

> *Lo humanos pueden alterar sus vidas al alterar sus actitudes mentales.*
> *William James*

El poder del amor

La palabra amor está relacionada con algo bueno para ti mismo o para otra persona, un afecto, cariño, apego pero es algo bueno.

No existe en el mundo un poder más grande que el poder del amor, todos los grandes logros en su mayoría son por este motivo, es una fuerza inexplicable que hace que las cosas sucedan de la forma como nosotros queremos; amor no es cursilería, es una comunión con Dios o si lo quieres ver de otra forma es una comunión con la energía positiva del universo, la fuente de todas las ideas. Cuando el propósito es bueno te conectas y obtienes una gran fuerza, ideas, energía, porque tienes un motivo muy fuerte para obtener eso que estás buscando.

Como la madre que ve a su hijo debajo de un auto y sin saber de dónde saca fuerzas levanta el auto y salva a su hijo, cuando una persona tiene un porque muy fuerte pude lograr todo lo que se ha propuesto en la vida.

Por ejemplo. Napoleón por el amor de una mujer tuvo grandes conquistas, o sin ir muy lejos el padre de familia de extracto humilde que saca a su familia adelante o logra que sus hijos terminaran la universidad, eso es un gran logro y los dos ejemplos son por amor.

El amor sigue siendo el poder más grande sin embargo a la primera persona que tienes que amar es a ti mismo (a) para poder dar algo, primero hay que tenerlo, este es el gran problema las personas no aman porque no se aman.

Cuantas historias hemos escuchado de personas que por amor han logrado cosas maravillosas, de hecho el maestro más grande de todos los tiempos dijo amaras a tu prójimo como a ti mismo, no dijo ama a los demás menos a ti, el amor se mal entiende en muchas ocasiones e inclusive a muchas personas les encanta sentirse víctimas y demostrar que dan aunque ellas estén sin amor.

Cuantas historias de conquistas hemos escuchado en las noticias en el internet o simplemente un conocido que tenía un motivo muy fuerte y logra cosas que nadie en su mejor sueño habría podido imaginar, desde esa madre que salva a su hijo, hasta Mark Sukerberg fundador y dueño de Facebook, que por amor logran grandes hazañas y esto no es cursilería.

Funciona y es muy poderoso lo que pasa es que con el paso del tiempo van cambiado nuestras prioridades y con el día a día, compromisos deudas noticieros, etc. Se pierde el rumbo sin darse cuenta y pueden pasar varios años o toda una vida y la persona no lo descubre.

En el sur de la florida.

En un día caluroso de verano en el sur de la Florida un niño decidió ir a nadar en la laguna detrás de su casa. Salió corriendo por la puerta trasera, se tiró en el agua y nadaba feliz. No se daba cuenta de que u cocodrilo se le acercaba, su mamá desde la casa miraba por la ventana, y vio con horror lo que sucedía.

Enseguida corrió hacia su hijo gritándole lo más fuerte que podía, oyéndole, el niño se alarmó y nado hacia su mamá. Pero fue demasiado tarde. Desde el muelle la mamá agarró al niño por los brazos justo cuando el caimán le agarraba las piernitas, la mujer jalaba determinada, con toda la fuerza de su corazón. El cocodrilo era más fuerte, pero la mamá era mucho más apasionada y su amor no la abandonaba. Un señor que escuchó los gritos se apresuró hacia el lugar con una pistola y mato al cocodrilo. El niño sobrevivió y aunque sus piernas sufrieron bastante, aún pudo llegar a caminar. Cuando salió del trauma, un periodista le pregunto al niño si le quería enseñar las cicatrices de sus pies y piernas.

El niño levantó la colcha y se las mostró, y entonces, con gran orgullo se subió las mangas de la camisa y señalando las cicatrices en sus brazos le dijo: "Pero las que usted debe ver son estas". Eran las marcas de las uñas de su mamá que habían presionado con tanta fuerza. "Las tengo porque mamá no me soltó y me salvó la vida."

Este es un ejemplo, ¡y también hay miles que nos dicen en su enseñanza que tenemos que tener un por que!

Tienes que tener un porque muy poderoso para que nada ni nadie te pueda apartar de tu propósito, tu porque puede ser pagar la universidad de tus hijos, ayudar a tus padres, casarte, pagar deudas, ayudar a tu iglesia etc... lo más importante es que tu porque tenga una causa que a ti te mueva todos los días a levantarte con un propósito en la vida.

Un domingo por la mañana.

Un domingo por la mañana se encontraba un niño aburrido en su recámara mientras el papá se encontraba leyendo el periódico y viendo un partido de futbol, el niño inquieto le dice:

–Papi, papi vamos a jugar, a lo que el papá le contesta:
–No me estés molestando, ¿que no ves que estoy viendo el futbol?
–Ándale papi.
El papá recuerda que en una hoja completa del periódico había un mapamundi y lo que hizo fue lo siguiente:
–Hijo ven
–Si papi
–¿Ves a este mapa?
–Sí papi, es un mapamundi
–Bueno, velo bien
–Sí, ya lo vi
–Muy bien hijo, ahora, lo que voy a hacer es un rompecabezas, (lo rompe un pedazos), tú lo vas a armar, y cuando termines jugamos, ah, y vete a tu cuarto para que lo armes.
–Sí papi.
El niño se fue a su cuarto y como a la media hora regresa y le dice a su papá, –papi, papi ya acabe.
–¿Cómo crees? no estés molestando.
–De verdad papi ven a mi cuarto; cuando llegan al cuarto efectivamente el mapamundi esta armado.
–Bien hijo, muy bien hecho, solo tengo una pregunta ¿cómo le hiciste para terminarlo tan rápido? A lo que el niño responde:

—Ay papi, lo que pasa es que tú no te diste cuenta que del otro lado del mapamundi había la figura de un hombre ¡y yo lo que hice fue unir al hombre y el mundo quedo arreglado!

Este es otro ejemplo de lo que logra un niño por la atención y el cariño de su padre y eso es amor.

Ten un propósito en la vida y al tenerlo pon toda la fuerza de tus músculos y de tu corazón todo el empeño de tu ser en la tarea que Dios te ha encomendado.

Lo que pasa es que cuando una persona hace las cosas con amor tiene una fuerza muy poderosa y los caminos se le van abriendo y no importan las dificultades que esta persona tenga que pasar, si tiene un propósito y en ese propósito lleva un porque o un alguien, esto significa que hay personas que les gustaría ser el orgullo de sus hijos o de sus padres o de su pareja y eso los impulsa a salir adelante, el problema es cuando perdemos la brújula y la persona trabaja por trabajar solo por dinero, pierde la pasión, y es como si estuviera muerta en vida, seguro conoces gente así que está viva pero esta vegetado ya no ama intensamente, ya no tiene un por qué bien definido YA NO TIENE AMOR y no es que no lo tenga lo que pasa es que no lo está usando lo tiene dormido.

Y esto de no tener amor empieza por no tener amor hacia sí mismo y obviamente después por los demás y así se va complicando la vida y a todos les puede pasar; a mí en una ocasión me ocurrió y perdí el rumbo, mi luz, mi dinero y por poco a mi familia que es lo que más quiero, wow que duro solo de acordarme duele y darse cuenta que llegue a trabajar como una maquina solo por dinero y en ese tiempo no me daba cuenta que había perdido el poder del amor y que eso me había llevado a estar sin dirección, pero cuando te das cuenta de que lo más importante es quererse a uno mismo, amar a tu familia, poner a Dios por enfrente y tener un por que vivir, la vida se convierte cada día más hermosa, porque vas a trabajar y con gusto porque tienes una causa.

En una oportunidad platicando con una ex candidata a la presidencia de México la Sra. Josefina Vázquez Mota dijo: yo soy una persona de causas, no soy una persona de cosas y si te das cuenta tener una causa te lleva a tener una poderosa razón es que hay un porque.

Uno de los ejemplos más impactantes en la historia moderna de la humanidad son las siguientes y quero añadir además que estas personas son como tú y como yo y lograron el propósito que tenían gracias al poder de amor.

Nelson Mandela tenía una causa muy poderosa.

Activista y político sudafricano que lideró los movimientos contra el *apartheid* y que, tras una larga lucha y 27 años de cárcel, presidió en 1994 el primer gobierno que ponía fin al régimen racista. El siglo XX dejó dos guerras mundiales, los campos de exterminio y el terror atómico, pero también grandes campeones de la lucha contra la injusticia,

De la cárcel a la presidencia

Prisionero durante 27 años (1963-1990) en penosas condiciones, el gobierno de Sudáfrica rechazó todas las peticiones de que fuera puesto en libertad. Nelson Mandela se convirtió en un símbolo de la lucha contra el *apartheid* dentro y fuera del país, en una figura legendaria que representaba el sufrimiento y la falta de libertad de todos los negros sudafricanos.

En 1984 el gobierno intentó acabar con tan incómodo mito, ofreciéndole la libertad si aceptaba establecerse en uno de los *bantustanes* a los que el régimen había concedido una ficción de independencia; Mandela rechazó el ofrecimiento. Durante aquellos años su esposa Winnie simbolizó la continuidad de la lucha, alcanzando importantes posiciones en el Congreso Nacional Africano. El ferviente activismo de Winnie no estuvo exento de escándalos; años después, ya en los 90, se vería envuelta en un polémico juicio en el que fue acusada de asesinato, si bien salió absuelta.

Finalmente, **Frederik De Klerk**, presidente de la República por el Partido Nacional, hubo de ceder ante la evidencia y abrir el camino para desmontar la segregación racial. En febrero de 1990 legalizó el Congreso Nacional Africano y liberó a Mandela, que se convirtió en su principal interlocutor para negociar el desmantelamiento de *lapartheid* y la transición a una democracia multirracial; pese a la complejidad del proceso, ambos supieron culminar exitosamente las negociaciones. Mandela y De Klerk compartieron el Premio Nobel de la Paz en 1993.

Con estas historias me refiero a que tener una causa poderosa te lleva a hacer cosas que jamás imaginaste.

1. *No es correcto ni sano vivir sin amor.*
2. *Corregir cuanto antes.*
3. *Tener un por qué bien definido.*
4. *Tomar acción ya.*

No hay tiempo que perder las cosas no se solucionan solas, se solucionan con acción y haciendo lo que tienes que hacer y hacerlo bien.

Nadie te va a sacar del oyó solo tú, si eres creyente puedes tener la ayuda de Dios sin embargo él no lo va hacer por ti, tú tienes que dar los primeros pasos con valentía y determinación.

Obtener beneficios o evitar castigos (placer y dolor)

Necesitas el impulso necesario para salir adelante obteniendo beneficios o evitando castigos. Se puede decir obteniendo placer o evitando dolor, esto es como cuando éramos niños y (si no hacíamos la tarea nos castigaban = dolor y si la hacíamos nos felicitaban = Placer) así vamos aprendiendo a lo largo de nuestra vida, en el trabajo, con la pareja, en los deportes que practicamos etc... En las diferentes áreas de nuestra vida, un ejemplo muy claro para poder entender este concepto es el siguiente.

Casi todos alguna vez vimos una película llamada cuento de navidad. De Charles Dickens Donde el Sr. Scruch era un hombre muy tacaño mal encarado y obviamente no era feliz, la película como el titulo lo dice se desarrolla en la Navidad.

Al Sr. Scruch, se le aparecieron los fantasmas de las navidades pasadas, presentes y futuras, y le mostraron cada una de las épocas y que es lo que pasaría si no cambiaba, el fantasma de las navidades pasadas le mostro todo lo que había sufrido por ser una personas tan miserable, el fantasma del presente le mostro el dolor que iba a sufrir aquí y ahora en el presente, y el fantasma de las navidades futuras le revelo lo que le esperaba si no cambiaba. Como consecuencia Scruch cuando se da cuenta que está vivo que solo fue un sueño, y despierta decide cambiar porque experimento todo el dolor que había vivido, que iba a vivir y el dolor que le había causado a los demás.

Si observas podemos usar como marco de referencia el ejemplo de esta película para hacer cambios en nuestra vida familiar, laboral etc. Tenemos que desear el cambio debemos palpar el dolor que produce el no cambiar, por ejemplo. En tu pasado que fue lo que padeciste por falta de dinero, por falta de amor, no tener para comer, no haber ayudado a tus padres, el fallar con las cosas que querías hacer cuando eras joven, el no haberle dicho a tus hijos que los quieres por tus malas programaciones etc.

Ese dolor nos permite tener una motivación muy grande y poderosa que para hacer un cambio real en nuestras vidas y una buena forma de crear un gran deseo es aplicar la misma fórmula que utilizaron los fantasmas de las navidad con el Sr. Scruch.

Recordar todo el dolor que esa situación nos ha causado.

No invitar a una chica a salir. Ese día que no te animaste a decirle y te pasaste por días o meses con eso en mente, solo por no atreverte.

O cuando no puedes ayudar a tu familia económicamente y sabes que lo necesitan. Que frustración tan grande debe ser sentir que una persona que no tiene los recursos para ayudar a sus hijos o a sus padres etc.

Ese viaje que no pudiste hacer y te dolió.

La escuela a la que no pudiste enviar a tus hijos, etc. tú sabes que te duele.

En situaciones graves no tener para comer, o sentir que no se tiene dinero para la renta y que los van a echar, o tener un familiar enfermo y no tener para las medicinas. Duele verdad pero lo más importante es que estas a tiempo de tomar acción y hacer lo que tienes que hacer y hacerlo bien.

Considerar todo el dolor que te causa en el presente.

Si te das cuenta el no cambiar te puede llevar o te está llevando a grandes frustraciones y lo más delicado es que te la pasas viviendo en el futuro y dejando para después lo que vas a disfrutar, esperas que cuando te vaya bien vas a hacer ciertas cosas sin embargo lo más importante es que con lo que tienes aquí y ahora tienes que aprender a disfrutar hoy, hoy, hoy, y si lo haces así el futuro será diferente y tú haces que sea mejor desde ahora.

La realidad hasta parece ilógico como los seres humanos la pasamos esperando a que algo cambie para disfrutar, para ser felices, siendo que tenemos todo ahora a pesar de que hay situaciones que no nos gustan.

Ve lo que si tienes y deja de quejarte por lo que no tienes.

Imagínate Todo el dolor que experimentaras en el futuro si no cambias.

Tu futuro es el resultado de tu presente ¿vale la pena cambiar para bien? la respuesta es sí, y tal vez puedas decir: es que lo he intentado y no he podido, claro lo has intentado ahora hazlo hasta que lo logres ya sea bajar de peso, reconcíliate con tu ex pareja, (si él o ella quiere) estar bien con tus hijos, mejorar económicamente, hacer ese viaje etc. para que tu futuro sea mejor tienes que hacer las acciones necesarias para avanzar.

Si tu pasado, presente y futuro no son como tú quieres, tienes que hacer un cambio, si no tienes ahorros, si no hay vacaciones, si no tienes lo que quieres, tú tienes lo necesario para salir a delante!

Pero también recuerda que tienes que tener beneficios y eso te va a crear placer, una casa nueva, vacaciones, un mejor auto, lo que a ti te haga sentir bien.

En resumen piensa todas las cosas que te has privado en el pasado, piensa que es lo que la falta de dinero o tu mala actitud te ha dejado y cómo vas a vivir si no cambias de manera positiva y recuerda siempre piensa todo el placer que vas a obtener en el presente y futuro… vacaciones, estar bien con tu familia etc. Bueno lo que tú quieras. En resumen vivir más tranquilo y feliz.

Deseo del padre.

Qué quiere un padre para su hijo, yo creo que en la mayoría de los casos quiere lo mejor, que tenga salud, que sea próspero, que tenga una linda familia etc… creo que en general es lo que un padre quiere para sus hijos, es algo bueno.

Ahora imagínate que quiere Dios para ti ¿Querrá lo mejor? O ¿te quiere sufriendo? O ¿te quiere triste? O ¿crees que te quiere ver desanimado? ¡La realidad es que NO! pero no te has dado cuenta de toda la capacidad que tienes, todo lo que tienes por compartir, crees que Dios quiere cosas malas para ti, PUES NO, tú te lo buscas por no hacer las cosas correctamente, pero la mejor noticia es que puedes cambiar tomando una decisión, actuando y tu vida puede cambiar y puedes hacer más en un par de años que lo que has logrado en toda tu vida, piensa por un momento si tienes hijos como te sentirías si tu hijo triunfa en algo, si tu hijo es feliz, pues tú te sientes pleno, así Dios contigo así que te sugiero que te esfuerces para salir adelante y seguramente Dios se va a sentir orgulloso de ti.

Y ojo deja de poner excusas por que Dios no lo va hacer por ti y recuerda él quiere las cosas buenas para sus hijos pero tú eres el que toma las acciones necesarios.

Si tú no crees en Dios te quiero decir que el universo está diseñado para fluir de manera perfecta y hay leyes como la causa y efecto que no falla o como la ley de la gravedad te avientas de un edificio de 20 pisos aunque creas en Dios tienes el 99% de posibilidades de morir.

Así pues tú eres el responsable de mejorar tu vida.

Sal de tu zona de confort.

Para lograr grandes cosas tenemos que salir de la zona de confort, lo cual es doloroso y cuesta trabajo, de hecho muchas personas prefieren no salir de ahí en toda su vida viviendo una vida de carencias y de conformismos, esto los lleva a quejarse de todas las cosas buenas que le suceden a las demás personas, se vuelven críticas y amargadas porque no pueden soportar ver al vecino progresar, su mente dice como puede ser posible que a otras personas les vaya bien y a él no, eso no lo acepta su mente, pero lo que pasa como mencionaba hace un rato es que estas personas no han salido de su zona de confort, tomaron la decisión de quejarse poco a poco que recibir el dolor del cambio, Hasta que se acostumbraron o se acomodaron, es como la siguiente historia:

Cuentan de un perro que aullaba de día y de noche, por varios días se escuchaba en un pequeño pueblo, y la gente se preguntaba por qué lloraba tanto de noche y de día, hasta que una persona se percata de que el perro estaba sentado arriba de un palo el cual tenía un clavo que estaba enterrado en la parte trasera del perro, por esa razón lloraba tanto, la gente se acercaba para darle de comer por que le daba compasión decían pobre perro no se puede mover de ahí y tiene hambre, pasaron y 10 días y el perro se seguía quejando, en un día lluvioso pasa un niño con su abuelo y el niño le pregunta abuelito, porque si al perro le duele tanto

–¿Por qué no se levanta? y el abuelo piensa un poco y le contesta,

–Mira hijo lo que pasa es que sí le duele por eso se queja, pero no le duele lo suficiente como para quitarse de ahí,

–¿Cómo abuelito?

–Sí, lo que pasa es que cuando el perro se suelte del palo con el clavo le va a doler mucho y por eso no se mueve de ahí, prefiere seguir quejándose que quitarse y seguir ahí.

Eso le pasa a mucha gente se queja todo, el tiempo, de los precios, de la crisis, de que el dinero no alcanza, del el esposo (a) de los hijos etc. etc. etc. están con todo respeto como el perro aullando pero no están dispuestos a moverse y hacer algo diferente por el dolor que les puede causar, piénsalo por un momento el cambio es doloroso y no cualquiera está dispuesto a pagar el precio del avance, de la felicidad, del éxito.

Otra forma de comprender la zona de confort es una historia muy vieja llamada la vaca, la cual quiero compartir contigo.

LA VACA

Alguna vez has escuchado la historia de la vaca una fábula muy antigua de hecho ya existe un libro el cual hizo famoso el Dr. Camilo Cruz el cual te recomiendo que leas. Ahora te voy a dar un breve resumen para que puedas comprender un poco más lo que te quiero transmitir con esta historia.

La historia comienza con la vida de un maestro el cual quería darle una enseñanza a un discípulo y lo que hizo, así que le dijo al discípulo que lo acompañara y se fueron caminando, el maestro escogió el pueblo más pobre en el camino se veía la falta de dinero las casas eran viejas y no muy lindas, el maestro escoge la casa más pobre para pedir posada, toca la puerta y sale una persona la cual los recibe, el maestro pide pernotar , y esta persona le dice que sí se les permite, pero que son muy pobres y que tendrán que dormir en el suelo.

El maestro y el discípulo dan las gracias y esta familia humilde integrada por papá, mamá, y cuatro hijos, esta familia los invita a cenar, al estar en la cena el maestro le pregunta a la familia ¿a qué se dedicaban? y la familia le contesta pues tenemos una vaca y gracias a ella podemos sobrevivir la leche la vendemos y también hacemos queso y con las ganancias todos vivimos, la familia se sentía muy contenta porque a pesar de ser pobres los demás vecinos no tenían la fortuna de tener una vaca como la de ellos y eso lo hacía sentir prósperos, sin embargo la vaca era lo único que los separaba de la miseria, bueno pues llega la hora de dormir y así lo hacen, al amanecer, el maestro se levanta muy temprano y le dice a su discípulo es hora de retirarnos, se levantan y el sabio maestro quería darle una lección a su alumno. Y le dice ¿ves este cuchillo? le responde claro que si maestro, era un cuchillo muy bien afilado, antes de irse el maestro con un movimiento certero mata a la vaca y el alumno le dice pero maestro ¿qué hiciste? le mataste el sustento principal de estas personas, el alumno se quedó desconcertado por lo que hizo su maestro, él no podía entender que lección le quería enseñar él se preguntaba 'qué va a pasar con esta familia? el maestro sin titubear no contesto nada el siguió seguro su camino de regreso.

Varios años después el maestro le dijo al alumno que regresarían a ese pueblo. El alumno solo con la idea de ir le dio pavor porque él durante todo este tiempo soñaba con la tragedia de esa familia al haberse quedado sin su único sustento, su vaca; al llegar al pueblo buscaban la casa y en lugar de la casa pobre y casi cayéndose ahora estaba una casa bastante grande y linda, llegan tocan la puerta y les abre la misma persona que hace uno años les había recibido les saluda y los hace pasar, el maestro le pregunta ¿qué fue lo que paso? ¿cómo es que ahora son de los más prósperos del pueblo? y éste les contesta: pues precisamente el día que ustedes estuvieron aquí hace un año algún maleante nos mató a nuestra vaca que era todo nuestro sustento, así que ya no teníamos que comer y sembramos algunas verduras en una pequeña hortaliza en la parte de atrás de la casa y las vendimos y después más y más, mi hermano se puso a reparar muebles y nos hicimos más prósperos, el alumno decía para si mismo ¡wow! que gran enseñanza me dio mi maestro, cómo es que pudo saber que al matarle a la vaca lograrían ser prósperos y salir de su zona de confort. El maestro le pregunta al alumno, ¿tú crees que si esta familia tuviera su vaca se hubiera superado? A lo que el alumno le contesto ¡por supuesto que no!

Muchas personas en sus vidas tienen ciertas vacas que no los dejan salir de tu zona de confort, son cosas que los hacen sentir cómodos, sin embargo los llevan a la mediocridad y a una vida de sufrimiento, lo peor de todo es que a menudo piensan que es normal vivir de esa manera y así se pasan toda su vida.

Aprendizaje.

1. *Revisa en tu vida que es lo que te está deteniendo.*

2. *Busca soluciones.*

3. *Toma acción.*

Recuerda la información no sirve de nada sin acción.

Obtener o evitar (placer y dolor)

Los seres humanos hacemos las cosas por dos razones: por obtener beneficios o por evitar castigos, es decir desde que somos pequeños nos educan de la siguiente forma:

Evitar castigos.
Oscarito, si no terminas la tarea te voy a castigar.
Anita, si no recoges tus muñecas no te dejo salir con tus amigas.
Gabita, si no lavas los trastes te voy acusar con tu padre.
Etc. etc…

¿Qué va a pasar en estos casos que los niños van hacer las cosas? porque si no hacen lo que le dice mamá, papá, la maestra, el tío, alguien que sea importante y ejerza autoridad sobre ellos, entonces van a ser castigados y van a experimentar dolor, lo cual van a querer evitar y por esa razón hacen las cosas.

La situación aquí es sencilla estos niños cuando sean grandes van a actuar de esta manera (van a funcionar evitando castigos porque su mente así está condicionada) saben en el trabajo que si no cumplen los van a despedir, o los van a regañar, etc. Así está condicionada su mente y así van a funcionar en la mayoría de las ocasiones, pero analicemos el otro lado de la moneda, como las personas reaccionan ante estímulos positivos.

También existen personas que fueron educadas para obtener beneficios, individuos que fueron premiadas por hacer las cosas en su niñez.

Aracelita. Si recoges y lavas tu plato te compro un helado.
Manolito. Si lavas el patio el domingo vamos al cine.
Almita. Si dejas de pagarle a tus hermanas toda la semana te llevamos de vacaciones y si no te quedas.

Bueno, y un sinnúmero de ejemplos los cuales se aplican para obtener beneficios, es decir cosas que nos causan placer y nos hacen sentir muy bien.

Ahora bien ¿cómo funciona esto cuando ya somos adultos? El jefe o la empresa saben que no se trata solo de castigos si no también se trata de recompensar, funciona de la siguiente manera:

El que logre su meta de ventas tiene un bono de x más y.
El departamento que entregue bien todos sus reportes de cierre de año tendrá derecho a una cena especial.
El empleado más productivo del año se llevara un viaje todo pagado con su esposa a las Bahamas.
En las empresas de venta directa se ven muchos de estos estímulos y en las empresas tradicionales en el departamento de ventas.

O la forma de evitar dolor
Si no logran la meta se van de la compañía.
Si no hacen esto les bajamos el sueldo.
Un sinnúmero de ejemplos se pueden poner en este caso.

Estos son solo algunos ejemplos de cómo puede funcionar el concepto obtener beneficios y evitar castigos, o dicho de otra forma placer y dolor.

Las personas se han dado cuenta de este concepto inclusive para educar a sus hijos por esta razón en la mayoría de nuestros seminarios compartimos esta idea no solo para nuestros hijos sino también para el empresario que tiene que aprender, que si bien existen castigos para las personas que no cumplen también existen recompensas para las personas que se esfuerzan día a día por lograr sus metas, ser mejores y ayudar a la compañía a crecer.

Y si nos damos cuenta esto es básico de adultos porque de esta forma fuimos educados la mayoría de las personas de tal forma que si ya sabemos cómo funcionamos.

Esta historia me encanta.

En una ocasión me decidí a educar a mi hijo Emmanuel de manera diferente, es decir que en lugar de solo educarlo en base a castigos (dolor) íbamos a trabajar más en la parte de recompensas (placer) y así lo hicimos, le pedimos a mi hijo que se portara mejor y que le íbamos a comprar un juguete que quería, y mi hijo se esmeró y logro que fuéramos a la famosa tienda de niños *Toys r us* la cual es una tienda estadounidense en donde lo único que hay son juguetes para niños, es decir un mini disneyland de juguetes, los niños se vuelven locos por tantos juguetes, entran ahí y quieren todo, pues bien, Emmanuel mi hijo no fue la excepción, cuando entró dijo: quielo este y este y este, y yo le dije hijo quedamos que solo un juguete, después de hacer un poco de pucheros (como que llora y no llora) seguí dando vueltas por la tienda con su mamá y por fin el momento esperado, papi solo uno, si hijo ya habíamos quedado que solo uno ¿de acuerdo? Si papi, ya se cuál quiero, me toma de la mano y me lleva casi corriendo hacia una zona que yo no quería, la zona de los autos eléctricos, en ese momento mi presupuesto no era tan bueno, entonces mira hacia arriba y con su dedito dice ese quielo. Ups. Un coche a control remoto de casi $1000 dls. En ese momento él me dijo ¿tu dijiste que uno, verdad papi?, claro que si hijo, mi esposa moría de risa por dentro porque sin querer mi hijo había escogido el regalo más caro que encontró y no sabía todavía ni leer, ok le dije a su mamá, como se ha portado este chico últimamente y ella me dijo muy bien, pues entonces le vamos a comprar los 3 regalos (los que había escogido anteriormente) jajaja me salve, el accedió muy contento y todos nos fuimos muy felices.

Bueno es algo chusco pero la idea básica es que podemos educar a nuestros hijos también en base a obtener beneficios con cosas que les causen placer para que en su vida también se sientan merecedores de las cosas buenas de la vida, si solo los educamos en base a miedo, DOLOR eso se les graba en su mente y no se sienten merecedores de las cosas buenas de la vida cuándo llegan a ser adultos.

Y mira bien esto somos la suma de lo que tenemos en nuestra mente, es como si fuera una grabación en el cerebro desde que éramos pequeños sin embargo nosotros somos los responsables de cambiar esos sentimientos de escasez y esas malas programaciones que tenemos en la mente.

Esto nos lleva en muchas ocasiones a echarle la culpa a las demás personas, a Dios, al gobierno y hasta a la mosca que pasa, y tú sabes que tienes el poder de elegir como pensar y cómo reaccionar ante las situaciones de la vida, puede llover y tú dices ya se arruino el día o puedes decir ¡qué maravilla puedo estrenar mi sombrilla nueva! hace calor y puedes decir puedo usar la ropa que no usado por todo el año, o puedes quejarte, lo que nos pasa no es el problema, el problema real es como reaccionamos a lo que nos pasa, ahora bien piensa que el 90% de las personas tienen esa misma educación de dolor, que pasa cuando te juntas con ellos suelen suceder diferentes cosas pero las pláticas cuando te encuentras a alguien en alguna parte son como esta:

–Hola .¿cómo estás?
–Pues aquí jodido ¿qué más?
–Y ¿cómo va el trabajo?
–Ahí va ya sabes el jefe esta insoportable ya no lo aguanto y los hijos quejas y quejas y quejas…

Te quiero decir algo delo que habla la boca está lleno el corazón, la pregunta para ti es ¿crees que una persona pueda salir adelante con tantas quejas? ¿Crees que pueda ser feliz? ¿Crees que pueda ser exitosa? ¿Crees que pueda tener abundancia en su vida? pues la respuesta tú la tienes y es NO.

Tal vez se escuche más que obvio lo que te comento aquí, pero es tan lógico que las personas no se dan cuenta que esa forma de pensar solo los puede llevar a un lado a la infelicidad, mediocridad y fracaso.

Cambia el mundo.

Una historia que me gusta compartir a menudo es la siguiente.

En una ocasión una persona dijo que iba a cambiar este mundo porque estaba de cabeza, todo estaba mal, problemas políticos, los jóvenes desenfrenados, guerras etc… en sus múltiples intentos durante años, se dio cuenta que no pudo y después quiso cambiar a su país, lo mismo un país atrasado, con miles de problemas, políticos corruptos, violencia y se dio cuenta que no podía, entonces dijo voy a cambiar mi provincia, se dio cuenta que no se podía y se dijo así mismo ¡ya se¡ voy a cambiar a mi colonia y tampoco pudo, pues entonces voy a cambiar a mi familia, a mi esposa, mis hijos, y se dijo aquí si voy a poder porque es mi círculo más cercano ellos si me van hacer caso, se dio una vez más que no se podía, así pasaron los años y vivió amargado quejándose de todo, porque para él las cosas no podían cambiar, hasta que en su lecho de muerte le dice a sus hijos: que tarde me di cuenta que para que las cosas cambien, el primero que tenía que cambiar era YO y así vería las cosas de diferente manera y como consecuencia el mundo, mi país mi estado, mi colonia y mi familia cambiarían.

Tenía razón, para que las cosas cambien primero tienes que cambiar tú. Recuerda no son las cosas que te pasan, si no como reaccionas a esas situaciones.

Cambia tus creencias de no puedo, no sirvo no valgo, cambia la mala educación que tienes de obtener solo las cosas por dolor, siéntete merecedor de todas las cosas que Dios te dio y obviamente esfuérzate nada va a caer del cielo, porque te tengo una noticia: mientras sigas actuando de la misma manera las cosas van a seguir igual ¡QUE DESCUBRIMIENTO! ¿verdad? es simple y más que obvio, toma la decisión y empieza a actuar da los primeros pasos hacia una mejor vida, porque si te das cuenta la vida es para disfrutarla pero cómo la programación en tu mente es de trabajo duro y pago cuentas y te la pasas pagándole a la compañía de luz, a la agencia de autos, a la universidad de tus hijos, a la agencia de autos etc… es decir a todos y no tienes nada de ahorros, porque la mayor parte de la gente primero paga y si algo le sobra entonces ahorra y un principio muy importante de prosperidad es primero ahorro y con lo que me sobra organizo mis pagos, y me vas a decir claro qué fácil es decirlo, ¡a mí no me alcanza con el sueldo que tengo para llegar a fin de mes, ¿cómo quieres que ahorre? pues quiero decirte que es una mala programación es una creencia que tienes de que todo el dinero que entra lo tienes que gastar, o solo depender de un empleo en lugar de buscar nuevas oportunidades que te generen más dinero y viene la excusa es que yo no estoy preparado, te apuesto que en el 95% de los casos tienes más preparación que tus padres y sin embargo vives igual que ellos, pero tú con un poco más de preparación y viviendo en la misma situación precaria, esto te lo menciono porque no solo a ti te paso, a mí hasta que cambié mi programación, en su momento también me ocurrió, por más dinero que ganaba me la pasaba endeudado, en el caso de mis padres lo entiendo ellos con muy poca preparación nos dieron a mis hermanas y a mí todo lo que pudieron, es más estoy seguro que nos dieron de más, y mira que hacían milagros con el poco dinero que tenían, esa es la razón que siempre estaban al día, pero hoy nosotros con un poco más de preparación no se vale que todo el dinero que entra se vaya y siempre estemos endeudados, hay que cambiar esas creencias, porque de alguna manera nos la pasamos auto castigándonos y es tiempo de cambiar tu lo decides.

Tu relación con el dinero Placer o Dolor

La pregunta que en algunas de las conferencias y cursos le hago a la gente es la siguiente:

¿El dinero es importante?
¿Lo necesitamos desde que nacemos hasta que morimos?
¿Se necesita dinero para nacer?
¿Para comer?
¿Para estudiar?
¿Para casarse?
¿Para divorciarse? Aquí dicen más... jajaja
¿Para morirse?

Bueno si te das cuenta, el dinero se necesita en todos los aspectos de nuestra vida y con esto no quiero que se mal entienda que el dinero lo es todo, lo que quiero decir es que hay que ponerlo en su debido lugar, para muchas personas lo más importante es Dios, la parte espiritual (yo soy una de ellas) la salud, la familia y así es esta bien pero para todas estas cosas se necesita dinero es irreal tratar de decir que el dinero no es primordial, en México muchas personas fuimos educados con dolor desde la música, la familia, las películas, es increíble cómo te comentaba anteriormente, recuerdo perfectamente cuando yo era niño había un actor llamado Pedro Infante que era muy bueno y en sus películas más famosas los ricos eran malos y los pobres eran buenos el en una de sus películas dijo "Dinero cochino que nada vale" y así las personas de esa época fueron desarrollando ciertas creencias acerca de que el dinero es malo, de que el tener dinero les iba a traer desgracia lo peor de todo es que así se lo transmitieron a sus siguiente generaciones y mira como una persona puede salir adelante así toda su vida escuchando cosas negativas acerca del dinero, por eso es importante leer tomar cursos, prepararse, para cambiar esas creencias y poder avanzar primero por dentro en nuestra mente y nuestro corazón para poder tener abundancia de otra forma puedes trabajar intensamente durante toda tu vida y no vas a avanzar y si logras hacer dinero te lo vas a gastar todo porque tu mente no está preparada para la riqueza, como lo puntualice hace un rato, tenemos patrones grabados de nuestra familia.

Hace algún tiempo estaba sosteniendo una plática con un joven y próspero empresario de origen japonés teníamos algunos negocios de bienes raíces y entre la plática me pregunto lo siguiente: ¿por qué los Mexicanos ven tanta televisión? Ups. "Yo pensé ya lo sabe el mundo", si un japonés lo sabe… bueno, le contesté, en México en el 80% de los hogares las madres y abuelas ven telenovelas y los hijos desde niños se dan cuenta de esa situación e inconscientemente lo que hace una persona al llegar a su casa en lugar de tomar un libro lo primero que hace es encender la televisión, es una cultura que ha llevado a México y parte de Latinoamérica a tener personas menos preparadas y más embobadas, es así, suena fuerte pero recuerda que somos lo que ponemos en nuestra mente y si una persona se la pasa viendo telenovelas o programas poco productivos ¿de qué está llena su mente?... de basura.

Vamos hablando de la música, escucha la letra de las canciones que hablan de la persona pobrecita y de cómo sufre son las más vendidas, o las canciones de abandono hacia los hombres, o contra ellos, es increíble y las canciones con letras positivas a poca gente le gustan, ¿por qué?

Por las creencias que tienen las personas que dicen cuando escuchan la letra de la canción ESA ME LLEGA, y sí le llega a sus malas programaciones, toca sus creencias y las reafirma, date cuenta de eso pero lo peor es que la música es muy capacitadora porque te llega al subconsciente y esta parte de nuestra mente no sabe si las cosas son buenas o malas solo recibe información, bueno ya hablare de esto más adelante.

Somos un país rico con mentalidad de pobres.

¿Y por qué? por todo lo que he mencionado durante estas últimas líneas, ¿cómo se cambia la situación de un país? cambiando tú, y así tu entorno cambia como la historia que te conté del niño y el mapamundi, cambia tú primero.

Cambia tu relación con el dinero.

Para tener abundancia tienes que saber que el dinero es una herramienta que te ayuda a lograr tus metas las cosas que te gustan o tu misión en esta vida.

Por ejemplo, si eres religioso, para construir una iglesia se necesita dinero y si quieres colaborar con más necesitas generar más dinero, si eres este tipo de persona.

Te quiero decir algo, Dios quiere hijos prósperos, hijos abundantes y hay personas que preguntan y ¿en qué parte de la biblia dice? lee bien la biblia.

Muchos se sorprenderían al saber que Jesús habló de dinero más veces de las que habló sobre el cielo y el infierno. De hecho, habló más del dinero que de cualquier otro tema, 16 de las 38 parábolas se refieren a cómo manejar las finanzas y los bienes. La Biblia contiene 500 versículos sobre la oración, menos de 500 versículos acerca de la fe, pero más de 2.350 relacionados con el tema del dinero y las posesiones.

Por otro lado tienes que saber que el dinero es bueno, te sirve para viajar, para cambiarte de casa, para la universidad de tus hijos, para tu retiro etc. Es bueno aprende a visualizarte en el futuro recibiendo las cosas buenas de la vida viéndote próspero porque te lo mereces, pero depende de ti. Si crees que puedes y lo mereces o no, lo que tu mente crea eso es lo que será.

Henry Ford decía si una persona cree que no puede tiene razón y si cree que puede también tiene razón.

Obviamente lo más importante es que estés consciente de que lo más importante es la alegría de vivir el ser feliz el estar bien con tu familia, porque ahora la contra parte, ¿qué sería de tu vida si tuvieras dinero y fueras infeliz? o si estuvieras solo por dinero es muy importante aprender a administrar estas ideas.

El dinero es solo una herramienta y te puede ayudar en diferentes aspectos de tu vida, obviamente lo mejor que tenemos como personas es nuestra salud, nuestra buena actitud, nuestra perseverancia, valor, amor, porque eso es lo que te hace realmente grande y te lleva a lugares inimaginables.

Recuerda, el dinero te puede ayudar a experimentar placer o dolor, eso solo lo decides tú.

Creo que algo muy importante en este tema es entender que para que el dinero llegue a tu vida tienes que cambiar lo que piensas acerca de él, porque mira esto, es ilógico atraer algo que te produce dolor, que te produce sufrimiento, o pensar que Dios te va a castigar si tienes dinero, mientras no cambies tu percepción hacia el dinero tu mente lo va a rechazar y si llegas a tener dinero seguramente lo vas a perder.

Sencillo ¿no? tu mente inconsciente rechaza el dinero y aunque tu mente consciente diga todo lo contrario, tu puedes decir no, yo no tengo ese problema y puede ser, pero el 92% de la población a nivel mundial lo tiene.

¿Cuál es la diferencia entre una persona que tiene dinero y la que no lo tiene? La respuesta es sencilla. Su forma de pensar, de ahí parte todo, el que tiene dinero el rico, está pensado como generar más dinero y el que no tiene dinero, el pobre, está pensando todo el tiempo en pagar deudas, así funciona, de tal manera que si no cambias esa forma de pensar va a ser muy complicado que tengas abundancia económica.

Si te das cuenta tanto las personas ricas o las pobres, independientemente de su condición económica, las dos son súper talentosas, sin embargo el enfoque es diferente, ahí radica el verdadero problema.

"Recuerda, tu mente te lleva hacia donde tú te enfocas."

Es tu turno:

Anota y se honesto (a) ¿en qué te estas enfocando?

_____

_____

Ahora anota: ¿en qué te quieres enfocar?

_____

_____

empieza a enfocarte todos los días en eso que quieres.

El alcohólico

Esta es la historia de una persona que llevaba una vida buena pero lamentablemente los problemas, preocupaciones y demás lo hicieron caer en el alcoholismo, esto lo lleva a caer en lo más bajo, pierde su trabajo y lo peor de todo pierde a su familia hasta que llega a ser indigente y vive de bajo de los puentes, esto ocurrió en Los Estados Unidos y como todos sabemos en ese país en la costa Este el invierno es muy crudo y las temperaturas son bajo cero, nadie puede sobrevivir en esas temperaturas al intemperie así que él se metía en las bibliotecas públicas y como no tenía nada que hacer y además como tenía que leer para estar ahí empezó leyendo "Actitud Mental Positiva: Un Camino al Éxito" por Napoleón Hill y W. Clement Stone; entre otros muchos autores y de ahí su mente se fue cultivando lo cual lo llevo a cambiar de mentalidad, después de un tiempo consiguió un trabajo como asesor de una empresa, pasa a ser director de una revista muy afamada, después consejero de New York times así fue escalando, se convirtió en escritor y su primer libro "El Vendedor más Grande del mundo" ha sido traducido a más de 49 idiomas y se han vendido millones de copias en todo el mundo, después escribió más libros y fue una persona muy exitosa y feliz, su nombre fue Og Mandino.

Aquí podemos ver que Og Mandino primero experimento muchísimo dolor al perderlo todo, se motivó con la lectura, se preparó y después empezó a sentir el placer de obtener las cosas buenas de la vida, lamentablemente a muchas personas les pasa lo mismo, experimentan tanto dolor que salen a delante a pesar de todas las adversidades en su camino, pero también existen personas que experimentan dolor hasta que se llegan a acostumbrar y así viven toda su vida.

Lo importante que quiero transmitirte en este caso, es que tú ya sabes lo que tienes que hacer, sabes que si no te mueves, número uno puedes perder lo que ya tienes, y numero dos te puedes perder de las cosas buenas de la vida por no tomar la decisión de salir de tu zona de confort, y aquí aplica esta pequeña historia:

En una ocasión un joven quería ganar una carrera de ciclismo, se había preparado y había hecho su mejor esfuerzo en sus entrenamientos, sin embargo eso no le alcanzaba para poder ganar, a la mitad de la carrera se sentía muy cansado, ya casi sin fuerza él iba en quinto lugar y sentía que ya no iba a ganar, esa carrera incluía ir por montañas y durante la carrera le salió un oso enorme y lo empezó a perseguir, el joven aterrado saco fuerza de su interior se acordó que en la meta lo esperaban sus padres, su novia y dijo" este día no es un buen día para morir" así que pedaleo con más ahínco y esto termino felizmente obteniendo el 3er. lugar de la carrera.

Algunas veces tu buscas la motivación y otras la motivación te encuentra a ti, no obstante la pregunta más importante ¿es de qué tamaño es tu oso? ¿Qué es el oso? tus problemas, tus deudas, tus miedos etc. y aquí tienes la oportunidad de hacer cambios en tu vida para ganar tu carrera, es decir: lo aparente malo de tu vida, te puede ayudar a salir adelante o tú decides si quieres seguir como hasta ahora.

Es ilógico pensar que si sigues haciendo lo mismo que has hecho durante toda la vida, las cosas van a cambiar.

La única forma es que tomes la decisión de cambiar y tomar acción, haciendo cosas diferentes que te acerquen a tus sueños, porque todos alguna vez en nuestra vida tuvimos sueños pero con el paso del tiempo se han ido desvaneciendo por la monotonía, por el empleo, por los roba sueños, por que alguna vez lo intentaste y fallaste y ya no quieres seguir intentando etc.

Es tiempo de cambio tu tomas la decisión.

¿Quieres seguirte quejando y ser del grupo de las personas que tienen cara de pujido todos los días? o ¿quieres ser del grupo que se atrevieron? y lograron lo que ellos esperaban porque si lo ves, la vida es como una obra de teatro donde solo unos actúan y otros solo son espectadores aplaudiendo el éxito de los demás o peor aun criticando el éxito de las personas que si tomaron la decisión de tomar acción y lograr sus metas a pesar de…

Por ejemplo estas historias de manera breve

Celine Dione

Antes de convertirse en una cantante ganadora de premios Grammy, ella fue integrante de uno de los 14 hijos de su familia francesa-canadiense. **Ambos padres se esforzaron por proveer para su familia cuando ella era muy joven.** Celine ha dado pasos de gigante desde ese entonces.

Jim Carrey
El adorable e increíble actor creció en la pobreza. En su niñez, **toda su familia vivió en una camioneta Volkswagen** estacionada fuera de la fábrica en la cual sus padres trabajaban. Antes de llegar al éxito, Carrey realizó trabajos mal pagados una y otra vez. **Incluso se encontró sin hogar por un tiempo.**

Leonardo DiCaprio
Cuando el protagonista de Titanic se mudó a Hollywood para perseguir sus sueños, la ciudad no fue necesariamente muy entusiasta en recibirlo. Antes de alcanzar la cima, **vivió en la pobreza con criminales y otros personajes de dudosa reputación.** Sin embargo, parece que su esfuerzo valió la pena ya que hoy su valor estimado es de más de200 millones de dólares.

Oprah Winfrey
Con un valor neto aproximado de US$2.7 mil millones, ella es en sí misma una categoría aparte de éxito. Creció en un ambiente de pobreza en una pequeña granja en Missisipi junto a su abuela y su madre soltera. **Oprah también fue abusada sexualmente por un pariente cuando tenía solo 9 años**. A pesar de las dificultades, perseveró y logró posicionarse como la celebridad y magnate de los medios de los días modernos.

Tom Cruise
La estrella de "Top Gun," **siendo el hijo de un padre abusivo y viviendo en el norte de Nueva York**, no tuvo un comienzo fácil en la vida. Hoy en día, Cruise y sus películas son marcas registradas. Y no solo eso, sino que ahora él tiene un **valor neto aproximado de más 270 millones de dólares.**

Estas personas tenían un porque muy fuerte, algo que los movió a seguir adelante como te decía anteriormente, tu porque pueden ser tus hijos, salir de deudas, cambiarte de casa; simplemente has vivido situaciones en tu vida de carencia y ya no quieres seguir así.

Lo primordial en este punto es que encuentres tu ¿Por qué?, ¿qué es lo que te mueve todos los días para salir adelante?

Es tu turno:

¿Cuál es tu por qué?

_____

_____

_____

Aprendiendo a pedir

La mayoría de las personas piden muchas cosas durante el periodo de su vida y se la pasan frustradas porque lo que piden nunca llega, esperan que las cosas les caigan del cielo y en ocasiones le echan la culpa inclusive a Dios, al gobierno, a su Jefe etc… y si bien en muchas ocasiones la economía de los países influye es nuestra responsabilidad buscar oportunidades para salir adelante, recordemos que el hombre como ser, siempre está en un constante desarrollo es decir en una evolución continua, y muchos se han conformado con lo que tienen actualmente, y las cosas solo pueden ser mejores si aprendemos a pedir y actuar de manera correcta.

Seguramente has escuchado o leído esto.

Pide y se te dará, busca y encontraras toca y se te abrirá y las tres son de acción, Sin embargo hay algo muy importante en este punto, hay que saber que pedir y como pedirlo porque aunque no te des cuenta si llegas a pedir algo inadecuado para ti o tu familia te va a llegar, porque tú lo pediste tenemos que recordar que nuestra mente es muy poderosa y si tu conscientemente pides algo o inconsciente mente y lo haces con sentimiento y emoción te va a llegar, y repito si lo haces con sentimiento y emoción te va a llegar tarde o temprano, porque tu mente es tan poderosa que recibe las ordenes de manera inconsciente y las cumple, es como el genio de la lámpara maravillosa "el reto aquí es saber pedir correctamente".

En una ocasión yo estaba cansado de tantos viajes, me encantaba mi trabajo, mi esposa y mi hijo de 11 años se quedaban en casa mientras yo salía eran, viajes partiendo de Las Vegas Nevada, después Mc Allen TX, San Antonio TX. Houston TX. Miami FL. República Dominicana, Puerto rico, Orlando, NY, Denver y por fin de regreso a Las Vegas todo esto en más o menos 20 días, en México le decimos un viaje mata caballos así era y definitivamente ya estaba cansado, en el último viaje cuando me despedí de mi esposa mi hijo tenía lágrimas en los ojos lo abrace le dije que pronto volvería le di un beso me voltee y se me salieron las lágrimas, sentía un profundo sentimiento de abandono hacia mi hijo, quiero compartirte que yo como persona estaba logrando mi sueño pero estaba dejando lo más importante de mi vida, mi familia.

Pero a lo que voy es esto, en ese momento le pedí a Dios que me diera vacaciones por 3 meses, que quería estar en casa con mi familia sin salir para disfrutar de ellos, de mi casa, mi mascota etc.

Y el resultado fue el siguiente a las 3 semanas ya me encontraba en Las Vegas jugando con unos amigos Raquet Ball y me rompí el tendón de Aquiles, eso me llevo a estar 3 meses inactivo porque el doctor me dijo que si no reposaba correctamente mi pie no se iba a reponer bien y por lo tanto iba a caminar mal.

Lo pedí inconscientemente y me paso, yo lo puse en mi mente y en mi corazón recuerda son como SENTI PENSAMIENTOS se escucha medio cursi o cursi y medio pero es una muy buena traducción de lo que te quiero decir, si lo piensas y lo sientes cuidado.

Pide y se te dará.
Ojo con lo que se pide.
Hay una frase que dice así.

Tenga cuidado con lo que usted fija en su mente y en su corazón porque si usted lo desea con fuerza lo tendrá.

Recuerda no solo el pedir funciona en positivo, también funciona en negativo, la mente sub consciente no sabe si es positivo o negativo es decir si es bueno o malo para tu vida el cerebro solo recibe órdenes.

Así como me paso en negativo tengo muchas historias positivas personales, de alumnos y gente que se acerca a mí para preguntarme como pedir algo en específico, que afirmación hacer, historias que solo cuando te suceden lo único que dices es, fue Dios o el universo, no hay otra explicación.

Pide con sentimiento y emoción y se te concederá. Sin embargo tienes que estar bien enfocado y saber realmente lo que quieres.

En otra ocasión yo le pedí a Dios (recuerda que yo le digo Dios tu tal vez le digas el universo), como decía le pedí a Dios que si mi camino era impartir cursos de desarrollo humano y superación personal y dar mis charlas por diferentes países, en ese tiempo económicamente estaba mal, honestamente estaba en la peor crisis de mi vida, (aparentemente) sin embargo fue la gran oportunidad de mi vida haciendo las preguntas correctas, mi primera pregunta fue, ¿Dios, tú quieres que me dedique a dar conferencias? A mí me gusta, llévame en el camino correcto.

Otra pregunta.
¿Dime con quien debo de hablar?
¿Dime a quien me dirijo?
¿Dime quien me puede contratar?

Al poco tiempo llego una chica muy agradable quien promovió mi primer curso como independiente en la ciudad de México, después en Las Vegas, después un amigo, en una iglesia y posteriormente empecé a dar conferencias de inversiones en bienes raíces y así un sinnúmero de cursos, charlas y conferencias en diferentes países, y ya voy por mi segundo libro con gran éxito, he compartido mi testimonio con miles de personas y lo que me ilusiona es ver en sus ojos una esperanza y sus ganas de ser la mejor versión de ellos mismos y lo más importante son los testimonios de su cambio de vida.

Otra pregunta.
¿Qué empresa debo tener?
¿Con quién me debo juntar?
¡Qué tipo de empresa me va asegurar el futuro?

¿Cómo a través de esa empresa puedo ayudar a miles de personas?

Así surgió el gran siguiente proyecto.

El cual está empezando, pero antes de iniciar ya era un éxito por que ayuda a las personas a obtener ingresos y además a ser mejores personas, que combinación tan maravillosa logre a través de las preguntas correctas.

Pide en presente y agradeciendo.
Gracias señor por este gran negocio!
Gracias por estos ingresos!
Gracias por mi nuevo auto!
Gracias por mi casa…
Etc.

Una clave importante cuando pidas es que lo creas, lo sientas y lo agradezcas.

En resumen aprendiendo a pedir significa pedir exactamente lo que se quiere con las palabras correctas en tiempo presente no importa si eres exagerado con este tema, además recuerda que se pide con sentimiento y emoción, a eso le llamamos SENTI PENSAMIENTOS pero mucho cuidado cuando tengas un sentí pensamiento negativo, tienes que estar atento para filtrarlo y que no pienses nada que no quieras para tu vida he ahí el secreto, lo más importante de este libro, es pedir correctamente con sentimiento y emoción, es como si te conectaras con Dios o con el universo o como le quieras llamar. Esto te puede llevar a lugares que tal vez nunca imaginaste y te dará todo lo que alguna vez soñaste.

Obviamente como te comente pide correctamente y realiza las acciones que tengas que hacer con toda tu fuerza tu amor e inteligencia. Recuerda los sentí pensamientos funcionan y tu trabajo es poner acción con FE y hacer las preguntas correctas.

"No necesitas suerte necesitas moverte"

Es tu turno:

Anota 3 cosas que quieras en tu vida?

_____

_____

_____

¡Ahora pídelo agradeciendo en tiempo presente como si ya lo tuvieras!

Creer para ver.

¿Qué es esto de creer para ver? si lo que en realidad nos enseñaron fue la frase de **ver para creer**, eso es lo que piensa la gente que no tiene FE.

La Fe es la certeza de que algo está ocurriendo en el aquí y ahora YA. Lo cual es difícil para muchas personas porque lo que más cuesta es imaginar que las cosas están pasando ahora mismo, parece una locura verdad? Lo sé, pero funciona, obviamente se necesita dar el primer paso y poner acción.

Ahora bien los paradigmas de las personas no los dejan ver esto es tan maravilloso que cuando lo haces y lo sientes aquí y ahora te sucede en muy corto plazo en la realidad, ahora tu trabajo es tomar acción.

Esto me recuerda a un atleta de salto de longitud que entrenaba desde su hamaca imaginándose que iba a ganar, era tan fuerte su visión y lo vivía con tanta intensidad, que primero se imaginaba ganando y después al ir a la competencia así ocurría lo que pasaba es que su mente ya lo había creído. Su propio entrenador no entendía este proceso mental él creía que era un haragán y que quería estar más tiempo descansando, a lo que el joven atleta un día le dijo: coach lo que yo hago en ese tiempo es imaginar mi salto como si estuviera ahí, realmente lo vivo y me imagino, siento. y me veo saltando llegando a donde yo quiero, eso lo he hecho desde la secundaria.

Obviamente entrenaba físicamente muy fuerte todos los días y hacia lo que tenía que hacer sin excusas.

Esto te acabo de comentar tal vez te ha pasado inconscientemente y has pensado que es coincidencia pero no es así, ahora bien imagínate si lo hicieras de manera consciente ¡wow! tendrías todo lo que quieres en tu vida.

Existen personas que quieren que las cosas sucedan solo con imaginar pero es importante dar los pasos correctos con acciones que nos lleven hacia donde queremos como si ya estuviéramos ahí.

Recuerda para obtener las respuestas correctas tienes que hacer las preguntas correctas y visualizarte.

El padre de familia que tomo acción.

Recuerdo muy bien a un joven que se acercó en uno de mis cursos y me decía que necesitaba más dinero y que había hecho los ejercicios de visualización, y estaba angustiado por que no pasaba nada, sin embargo le pregunte una vez más si podía ver como foto o película lo que había pedido el me comento que ya lo tenía pero no pasaba nada, lo único que le dije fue… toma acción, la pregunta de él fue… ¿cómo le hago? Ve con tu jefe y dile que te suba el sueldo y él me dice…¿y si se enoja? A lo cual conteste… claro que no se va a enojar, ¿le pregunte tú haces bien tu trabajo verdad? A lo que contesto… claro soy el mejor en lo que hago, y le dije entonces ve y dile.

 Días después va a mi oficina a visitarme para darme las gracias y para decirme que no tuvo ningún problema y que cuando llego con su jefe él le dijo que bueno que me comentas por que la empresa quería hacerte una propuesta para que te quedaras con nosotros, y bueno de ahí empezó la negociación y no solo le subieron el sueldo más de un 50% le dieron el puesto de gerente con muchas más prestaciones.

¿Qué paso? lo imagino! lo vio en imágenes y tuvo sentí-pensamientos positivos y lo más importante es que tomo acción, muchas personas piensan que solo con afirmaciones las cosas van a suceder, se frustran porque están esperando que las cosas les lleguen solas, sin embargo recuerda que tú tienes que dar el primer paso, obviamente, recuerda la acción es tan importante como imaginar la situación.

Sin brazos pero con grandes sueños.

En una ocasión tuve la oportunidad de impartir una conferencia con un joven llamado Tony Meléndez en Las Vegas, él tiene aparentemente un impedimento físico, no tiene los dos brazos y aun así el toca la guitarra con los pies y de hecho en su momento le canto al papa Juan Pablo II con una emoción que conmovió a todos los asistentes, Tony desde niño imagino una y otra vez las notas de la guitarra con los pies, además sentía emoción de manejar y lo logro pero primero se visualizó y tomo acción, además practico, práctico y practico fue persistente y nunca se dio por vencido y logro uno de sus sueños, he de confesarte que fue una de las experiencias más bellas de nuestra vida, fuimos a comer con él y nos platicó algo más de su infancia de como aprendió a manejar su auto. IMAGINATE SIN BRAZOS y lo logro, de cómo tuvo que vencer sus miedos y superarse día a día, se escucha muy lindo esto pero él tuvo que superar la crítica y las burlas de los demás niños, recordemos que existen muchos niños sumamente crueles a los cuales les gusta minimizar y burlarse de los demás niños (bullying) y más si tienen algún aspecto físico diferente.

Otro gran ejemplo:

Adriana Macías, (una conferencista de la cual te enamoras) una mujer extraordinaria tuve la oportunidad de conocerla

en la ciudad de Guadalajara México, fue maravilloso descubrir su historia porque cuando habla derrocha felicidad, ella es Abogada, escribe en la computadora, maneja un auto, es madre de familia, escritora, una gran conferencista y más y todo eso lo hace sin brazos.

Otro ejemplo:

Helen Keller, Ciega sorda y como consecuencia muda, la cual aprende hablar gracias a su maestra y a su gran empeño, ella aprende hablar tocando con sus dedos los labios de las otras personas y fue escritora.

Cada una de estas tres personas merece un libro completo para escribirles, tan solo los pongo como ejemplo de que cuando una persona quiere hacer algo lo puede lograr a pesar de todas las adversidades.

Es decir de personas con capacidades diferentes y le pregunto a las personas ¿que tienen ellos que nosotros no tenemos? que los hace diferentes a nosotros, ¿cuál es la diferencia entre ellos y nosotros? y a esa felicidad que irradian "¿QUE TIENEN ELLOS QUE NOSOTROS NO?" y recibo respuestas como estas:

Tienen buena actitud.
Fueron persistentes.
Tenía un motivo muy grande.
Le sobraba coraje para hacer las cosas.
Lo apoyaron sus padres.
Tomaron una decisión
Etc...

Pero la pregunta es ¿que tienen ellos que tú no tienes? y la respuesta es simple:

ELLOS TIENEN UN PROBLEMA FISICO REAL.

Y no lo utilizan como excusa, ellos sí podrían decir ¿cómo voy a escribir un libro con los pies?, o ¿cómo voy a manejar el auto? O ¿cómo voy a controlar la computadora con los pies? o soy ciega. etc...

Ellos si tienen realmente una excusa y no la usan; y tal vez tú que no tienes ninguno de esos problemas te inventas excusas para justificar cualquier cosa que no estés realizando en tu vida.

Vale la pena tomar en cuenta esto que estoy hablando, hacer una reflexión y empezar una vez más a darnos cuenta que tenemos más que agradecer que del cual quejarnos.

Recuerda.

Cuando la riqueza comienza afluir, lo hace con tanta celeridad y abundancia, que uno se pregunta dónde había estado escondida en todos esos años de escasez. Napoleón Hill.

La mayoría de las personas ricas inician con muy poco dinero inclusive muchos empiezan en su garaje.

Para lograr algo que queremos, hay que hacernos las preguntas correctas.

Todo está a nuestro alcance, nuestros más altos anhelos sin embargo tienes que aprender a pedir, de manera correcta y tomar acción.

Recuerda, si estas mal enfocado vas a llegar a un puerto que no quieres, porque vas en la dirección incorrecta.

7 pasos - Sistema para el cambio y logro de tus metas

Para lograr tus metas necesitas tener un sistema simple que te lleve hacia el logro de ellas recuerda que nada es por casualidad es por CAUSALIDAD.

1. ¿Cuál es tu por qué?

¿Qué es lo que te mueve? ¿Porque te levantas todos los días? ¿Qué quisieras tener que no has tenido? ¿Qué quisieras darle a tu familia que no les has dado? ¿Cómo quieres que tu familia te vea? Lo primero que tienes que hacer es encontrar tu ¿Por qué?, en los seminarios que imparto algunas personas dicen ¿mi porque? son mis hijos y es válido, otra respuesta es, mis hijos ya están grades y ¿mi porque? es tener dinero para mi retiro, otra respuesta es, yo quiero viajar por todo el mundo y salir de deudas y existen diferentes respuestas, lo importante es que tu encuentres un porque, algo que te haga levantarte por la mañana con toda la pila y que sabes que pase los que pase nada te puede detener.

Es más quiero decirte que cuando tienes un porque muy fuerte te ayuda a cambiar algunos hábitos que no te gustan de ti mimo (a) o como te había comentado anteriormente tu sistema de creencias y obviamente son creencias que te limitan a no crecer tales como: tú no puedes, no sirves, no vales, para que lo intentas, eres pobre y siempre lo serás, el dinero es malo etc. Todo tipo de creencias las cuales fueron programadas en su mayoría tu niñez y otras en el proceso de tu vida.

Por esta razón dije que tu ¿Por qué? debe ser muy grande, has escuchado que Napoleón conquisto casi toda Europa por el amor de una mujer, o de una madre que tiene hasta 3 trabajos por sacar adelante a sus hijos y lo logra.

TU ¿POR QUE? TIENE QUE SER MUY GRANDE PARA QUE NADA NI NADIE TE PUEDA ROBAR TU SUEÑO.

2. Realiza un plan.

Si no planeas, estas planeando tu fracaso.

Alguna vez escuche una entrevista con una empresaria multimillonaria, ella empezó desde abajo y a pesar de todo lo que tuvo que pasar para ser una persona exitosa logro tener éxito y ella le atribuyo su éxito a que ella siempre planeaba, ella siempre tenía un plan, si lo ves suena lógico, tú no puedes salir de tu casa de viaje si no tienes un mapa hacia a donde te diriges, y eso tal vez es lo que ha pasado en la vida de muchas personas tienen ganas pero con las ganas no alcanza, se necesitan varios factores para tener éxito y uno de ellos es la planeación, sin esto simplemente no llegamos a ningún lado, suena lógico verdad.

Por ejemplo si vas a poner un negocio por pequeño que sea tienes que tener un mapa tu plan, por ejemplo:

Un pequeño restaurante.

> **a.** Cuánto dinero necesitas para iniciar.
> **b.** Cuántos empleados te van ayudar. (O con tu familia)
> **c.** Cómo captar clientes.
> **d.** Tipo de promoción.
> **e.** Reserva de ingresos para soportar los primeros 2 años.
> **f.** Tipo de mobiliario.
> **g.** Calcular gastos fijos y variables.
> **h.** Quién va hacer las compras diariamente.
> **i.** Quién cocina.
> **j.** Etc…

Parece difícil pero no lo es tanto, es cuestión de organizarse y dedicarle tiempo, de hecho como lo puntualicé antes, sin esto no pasa nada, bueno si pasa y se llama fracaso, de hecho es la razón por lo que muchos nuevos empresarios fracasan pues tienen muchas ganas, pero con ganas no alcanza.

En una ocasión un amigo me pidió mi moto prestada, yo no se la quería prestar por la responsabilidad que implica prestar una maquina tan potente, me convenció, diciéndome que el sabia manejar, que de hecho era muy sencillo, él tenía muchas ganas se subió y no pasaron más de 3 segundos para que se cayera, se subió la prendió, apretó el embrague lo soltó y en 3 segundos se estrelló contra la puerta de una casa, afortunadamente a mi amigo no le pasó nada y la tarde continuó muy bien.

Pero lo que digo es que no es solo de ganas, es de planeación y preparación para que las cosas sucedan y ¿sabes qué? cuando tienes tu mapa tienes mucho más posibilidades de tener éxito, no quiero decir con esto que va a ser fácil, también te vas a encontrar con algunos obstáculos, *pero quien sabe hacia a donde va no hay pared que lo detenga,* de la otra manera cuando no hay un plan a los primeros muros comienzan las dudas, y en corto tiempo la persona o negocio fracasa.

Esto fue un caso práctico, ahora vayamos al caso de Juanito, que desde niño le gustaban las cosas buenas de la vida repasemos su historia:

Nace Juanito, él es un niño normal y como todos los niños es soñador, quiere ser de todo en la vida, sin embargo sus padres sin saber le van formando un sistema de creencias que él va a tener hasta cuando sea grande y no las va a poder cambiar a menos que las identifique o alguien lo ayude a identificarlas y luego tiene que estar dispuesto hacer un cambio en su vida para adoptar creencias positivas, en la mente le han grabado que el dinero no crece en los árboles, que no sueñe, que la vida no es como el la ve, etc… así lo envían a la escuela y transcurre la primaria y sigue lleno de sueños, después sigue la secundaria y ahí junto con amigos reafirma su sistema de creencias, porque el 95% de sus amigos tienen creencias parecidas, Juanito llega a la preparatoria y se da cuenta que en cierta forma lo que decían sus padres era cierto, pero Juanito tiene ganas de salir adelante y llega a la universidad, la termina y encuentra un trabajo donde el cree que ya la hizo, apenas va comenzando le dan un sueldo, se casa tiene 2 hijos y resulta que lo que gana no le alcanza, él se esfuerza tiene un ascenso en el trabajo le pagan más, apenas le alcanza para pagar lo del día a día y las deudas acumuladas. Juanito tiene más preparación que sus padres, gana más dinero que sus padres a tomado cursos, y sigue teniendo el sistema de creencias que sus padres de inculcaron y así vive una situación igual que la de sus padres, o peor, siempre endeudado y con pocas posibilidades de salir adelante.

Y ¿qué le paso a Juanito? le pasó lo que al 95% de la población en el mundo, nadie le enseño que tenía que tener un plan y aunado a eso su sistema de creencias no lo dejo avanzar.

Lo comparto con ustedes porque a muchas personas les ha pasado, y hasta que no cambien sus creencias no pasó nada en su vida, en mi caso hasta que trace un plan mi vida cambio de manera impresionante, logré más en 1 año que en los últimos 10 años y logré más en 5 años que lo que había logrado en toda mi vida.

Ten un plan, junta todas tus herramientas y actúa.

3. **Prepárate.**

Sin preparación no pasa nada, mira ya tienes un por qué y ya tienes un mapa (un plan) pero si no investigas todo acerca del tema o en elbpróximo ejemplo del restaurante, si no tienes toda la información no vas a llegar muy lejos.

Has escuchado la preparación es la base del éxito y mira yo conozco personas que no terminaron la primaria y son exitosas porque son expertas en lo que se hacen, con esto no quiero decir que no estudies, por ejemplo si eres joven y estas estudiando lo mínimo requerido en estos tiempos es terminar la universidad para poder destacar, sin embargo si no terminaste la escuela por cualquier situación especialízate en algo que te guste mucho para que puedas destacar y si no estudiaste especialízate en algo que te guste mucho.

Vamos al ejemplo del restaurante. El dueño del restaurante tiene que plantearse varias preguntas.

a. ¿Qué tipo de restaurante quiero?
b. ¿Existen restaurantes parecidos por mi zona?
c. ¿Cuántos habitantes hay en la zona, (posibles clientes)?
d. ¿Dónde adquiero la mejor calidad y los mejores precios?
e. ¿Contabilidad básica?
f. ¿Qué tipo de comida vas a vender?
g ¿Rentabilidad del negocio?
h. ¿Tiempo de recuperación de la inversión?
i. Tipo de comida.
j. Presupuesto, Etc...

Si te preparas en estos pequeños rubros, tu negocio estará por mejor camino y tienes mucho más posibilidades de tener éxito que de la otra forma.

Esto por poner el ejemplo del restaurante, como te lo mencionaba puede ser tu propio plan de vida.

¿Qué es lo que quieres de la vida y como lo vas a lograr? ¿Qué herramientas necesitas? a ¿qué edad te vas a casar? etc...

Y si ya eres más grande como puedes ajustar tus velas para que tengas la vida que realmente quieres tener, quieres viajar, quieres una mejor casa, quieres ahorros, quieres un mejor auto, piensa y determina lo que tienes que hacer prepárate y lo vas a lograr, sin embargo si llegas a tener algún fracaso ajusta tus velas y sigue adelante.

4. Escribe tus metas.

Como todos los pasos este es muy importante, porque puedes tener los anteriores, pero si no tienes una meta eres un como un barco sin timón, es decir a la deriva, que puede ir hacia todos lados menos hacia donde tiene que ir, tener una meta te ayuda 1 a darte dirección y 2 a darte un tiempo determinado para lograrla, es un arma muy poderosa en la vida de todos los seres humanos y el 95% no tienen metas, esa es la razón de que no avanzan en sus vidas.

¿Pero cómo logro mis metas? Te comparto los pasos básicos para el logro de las metas.

a) ¿Qué es lo que quiero?

Saber bien que es lo que quiero lograr, por ejemplo quiero una casa, ¿qué tipo de casa? ¿En qué lugar de la ciudad? ¿De qué color la quiero?…. O un auto de la misma manera, o en el área personal quiero bajar de peso, ¿cuantos kilos o libras? O quiero ir de viaje, En el área espiritual o emocional quiero ayudar a ciertas personas. etc.

> Es muy importante saber qué es lo que queremos exacta-mente por qué recuerda tu mente sub consciente tiene que tener la información de manera correcta, clara y especifica.

b) ¿Para cuándo lo quiero?

Es normal escuchar a una persona decir este año voy a hacer esto y regularmente es a principios de año y además en la parte física la promesa es bajar de peso, y lo que ocurre es que en el mes de enero empiezan muy bien y febrero más o menos bueno, el hecho es que llega el mes de mayo o junio y la motivación ya se pasó y así ocurre con las metas en todos los aspectos por no poner una fecha clara. Recuerda tu mente subconsciente tiene que estar bien programada para el logro de tus metas.

Aquí va la fecha claramente específica y dije claramente aquí ponemos por ejemplo para el 30 de abril del 2016 a más tardar a las 5 pm. Mi meta es tener mi casa.

c) ¿Cómo lo vas a lograr?

Tu plan de acción, por ejemplo para juntar el enganche, (el anti-cipo), voy a trabajar horas extras, o voy a vender algo los fines de semana, para juntar el anticipo que necesitas. Y como ya tienes la fecha de que lo quieres lograr puedes realizar bien tu plan de acción.

d) ¡Tener un motivo!

¿A quién le dedicas tu meta? para que nada ni nadie te desvié de tu meta recuerda que en el camino vas a encontrar muchos roba sueños que no les va a gustar tu progreso, y necesitas tener un motivo muy grande para que nada te aparte de tu sueño.

Ahora bien, en el tema de las metas es muy importante visualizarte como si ya la estuvieras logrando, una recomendación que te hago con cualquier meta que tengas, por ejemplo un auto, o una casa, un viaje, etc. es la siguiente: sácale una foto a lo que quieres y pégala donde la puedas ver por la mañana y por la noche, parece ridículo pero funciona porque tu mente te lleva hacer cosas y te da ideas que de otra forma (en la comodidad) jamás hubieras logrado, tu mente es muy poderosa pero tienes que saber dirigir bien tus pensamientos como lo comente en el capítulo anterior. De otra forma si no lo haces puede jugar en tu contra en lugar de a tu favor.

Quiero comentarte en breve cómo funciona la mente humana de manera sencilla y que sea todo digerible para no confundir a nadie y puedas compartir el conocimiento, primero hagamos un ejercicio muy clásico del poder de la imaginación de tu mente:

Cierra tus ojos, e imagina que en tu mano tienes un limón partido por la mitad y está súper jugoso y verde ahora llévatelo a tu boca y exprímelo.

Te das cuenta que tus glándulas gustativas se activaron y empezaste a salivar, y no tienes el limón en tus manos, así funciona la mente no sabe si es realidad o ficción así que es importante que le vas a dar de comer a tu mente, hay una frase que dice:

Tenga cuidado con lo que usted pone en su mente y en su corazón porque si usted lo desea con fuerza lo tendrá.

Tienes que estar atento a lo que piensas.

Seguramente has escuchado la historia de Aladino y los 40 ladrones, para no hacer el cuento largo se trata de un joven que encuentra una lámpara maravillosa que le concedía todos sus deseos y con solo frotarla, aparecía un genio, él le decía lo que quería y el genio le concedía los deseos.

Bien, en tu mente existe un genio, si le sabes dar las ordenes correctas te va a dar lo que le pediste, de la misma manera que el genio de la lámpara ¿te das cuenta? por esta razón existen muchas personas en el mundo que trabajan duro, le echan ganas como decimos en México y no les sale nada bien porque su energía la están enfocando de manera inadecuada, y además no saben programar su mente de manera correcta, la información que tiene su subconsciente es de escases y te lo digo una vez más, recuerda la música que escuchas te programa, el tipo de televisión que ves, los libros que lees, las amistades negativas etc.

Pero quiero decirte algo si no entiendes mucho acerca del poder de la mente no te preocupes, realiza una tarjeta de visualización para lograr tu meta y échale un vistazo cuantas veces sea posible durante el día y principalmente en la mañana y en la noche, anota lo que quieres, para cuando lo quieres, pégale una foto y anota en breve tu porque.

Si no entiendes nada pero te enfocas bien, programas bien tu mente, le das en enfoque correcto y le pones acción, vas a lograr las cosas que deseas en la vida.

5. Toma acción

No hay nada en el mundo más importante que hacer las cosas, es decir tomar acción sin eso no pasa nada, y seguro estás pensando PUES OBVIO así es pero la gente se la pasa soñando y no hace nada, sigue soñando y sigue sin hacer nada, un maestro mío decía que ese tipo de personas parecen zopilotes estreñidos, planean y planean y nunca obran.

Mira muchas personas le piden a Dios un sinnúmero de cosas y nunca hacen nada para que pasen y después Dios es el culpable por la situación que tienen, y lo que paso es que no tomaron acción, no dieron los pasos necesarios tal vez por la más grave enfermedad del hombre la cual se llama miedo, tú dirás eso no es enfermedad, claro que lo es y es la peor porque lleva a los hombres y mujeres a paralizarse, a no avanzar a no ser felices a enfermarse a no cumplir sus sueños y al pasar por esta vida sin pena ni gloria.

Quita el miedo y date permiso a logar tus sueños. Y si te da miedo, hazlo, con miedo pero hazlo.

Como puedes saber de lo que eres capaz si no lo intentas.

No tienes que ver toda la carretera toma acción, no tienes que saberlo todo, toma acción, la gente de éxito es gente de acción no de palabras, por que como dicen las palabras se las lleva el viento.

La acción cura el miedo, recuerdo la primera vez que impartí una conferencia a los 18 años de edad, no sin antes compartirte que fui un niño muy tímido, toda mi infancia fui totalmente introvertido, inclusive si llegaban visitas a casa de mis padres me escondía debajo de la cama, si alguna vez íbamos a un restaurante sentía que me desmallaba cundo me tocaba pedir, y si, si era bastante tímido, regresando al tema tenía que dar la primera conferencia de mi vida, me sudaban las manos y todo jajaja. antes que yo que estaba otra persona que me presentaba tardo como 10 minutos que para mí se convirtieron en 1minuto, me presenta mientras caminaba por ese pasillo, iba recordando las técnicas que había aprendido el último año de mi preparación todas se me olvidaron menos una, cuando te presentes habla fuerte y así lo hice yo creo que me pase de volumen pero capte la atención de toda la audiencia, y cuando menos me di cuenta ya escuche aplausos y había terminado y me gusto, es más me encanto me convertí en el instructor más joven y exitoso en ese tiempo pero lo más importante es que vencí al MIEDO, inclusive el miedo me impulso.

Ahora bien tienes que estar preparado en el tema para poder superar ese miedo y quero decirte que es natural porque es una emoción, usa ese miedo para impulsarte, es siempre hacia adelante.

En uno de los seminarios que imparto buscamos los miedos de las personas para ayudarlas a superarlos y no solo en los cursos, tenemos un programa integral de coaching personalizado el cual lleva a las personas a lograr de modo estructural tus sueños, ya que tienen un seguimiento de metas en las diferentes áreas de tu vida, lo fundamental aquí es que las personas logran resultados impresionantes al identificar sus miedos y tomar acción sobre ellos, les cambia literalmente su vida.

Bueno ya dijimos que la acción cura el miedo y cuantas cosas has dejado en tu vida por el miedo a fracasar, si eres honesto contigo mismo te vas a dar cuenta de que ya ha pasado mucho tiempo y la pregunta para ti es ¿cuánto tiempo más quieres dejar pasar? ¿Hasta cuándo vas a avanzar en tu vida? o ¿hasta cuándo vas hacer eso que te hace sentir feliz? o ¿cuándo vas hacer ese viaje que tienes pendiente? conozco personas estudiaron la universidad ya con más de 40 años, son varias, y me permito compartirte una de esas historias.

Él lo hizo con el ejemplo.

Conocí a un hombre llamado Raúl del hermoso país de Perú, un individuo muy dinámico de más o menos 40 años, Raúl tenía un sueño; él siempre había querido ser abogado y por alguna razón no había podido terminar su carrera, debido a su gran iniciativa para los negocios siempre se mantenía emprendiendo y ocupado, un día uno de sus hijos le dijo que no quería estudiar, que él quería ser igual que su padre, viajar por el mundo y ser un hombre de negocios y como Raúl es una persona muy positiva primero le pregunto ¿por qué? Y el hijo puso todas las excusas que encontró, y terminó diciéndole: si tanto me pides que estudie ¿porque tú no has acabado la carrera de abogado?

Para Raúl fue la gran oportunidad de su vida y le dijo a su hijo: te propongo un reto, vamos a ver quién termina la carrera ¿tú o yo?

A lo que el hijo le replicó ¿de verdad papá? Y Raúl con el gran el gran entusiasmo que lo caracteriza contesta CLARO QUE SÍ, vamos a hacerlo y los dos se dedicaron a esa tarea, el resultado fue que ambos terminaron su carrera en la universidad, lo resaltable es que Raúl tomo acción y ayudo a su hijo a tomar acción, ¿qué podemos aprender de aquí? Y como comentario te digo que hoy en día tengo el honor de ser amigo de Raúl.

1. *Oportunidad.*
2. *Reto.*
3. *Adiós al miedo.*
4. *Acción pura.*
5. *Sacar lo mejor de cada situación*
6. *Pensamiento positivo.*
7. *Equipo, con su hijo.*

Que más se puede pedir.

De antemano sabemos que tal vez otra persona no lo tomaría como una oportunidad, simplemente hubiera seguido regañando a su hijo y tal vez no lograría nada.

Los seres humanos estamos diseñados para evolucionar y para avanzar, mira, Dios nos dio la capacidad de soñar pero también de convertir nuestros sueños en realidad, pero los sueños no se logran dormido se logran haciendo pequeñas acciones todos los días como hemos platicado ya anteriormente, no tienes que ver todo el camino para llegar, cuando vas en la carretera de Los Ángeles California a La ciudad de México son varios días de viaje, y no tienes que ver todo el camino para llegar, obviamente tienes un plan, sin embargo no ves los más de 3109 kilómetros, solo ves algunos metros hacia adelante. Así pasa con las cosas que queremos lograr, quisiéramos ver todo el camino y estar ahí pero la vida es poco a poco y como dijo Machado "se hace camino al andar".

Tenemos que ser como niños si te das cuenta cuando eras pequeño nada te detenía, incluso cuando eras un bebe para caminar le hacías como podías no importaba si te caíste muchas veces, te levantabas te agarrabas de la silla, del sillón, de la pierna de tu madre pero seguiste adelante y hoy caminas o cuando aprendiste a andar en bicicleta ¿te caíste? SI ¿verdad? en la mayoría de los casos, y hoy sabes andar en bicicleta o por lo menos en el tiempo de tu niñez y si ya no lo haces es por falta de práctica, el hecho es que son cosas de acción, que tu realizaste y es momento de decir basta al miedo que heredaste y ponte hacer las cosas.

Mira, la esencia del ser humano es de acción, seas hombre o mujer tu esencia es de avance, eso es lo real por que desde el momento de la concepción de tu ser, entre tus padres, tú fuiste un espermatozoide y tuviste que competir con millones de seres iguales que tú, en una carrera de vida o muerte donde en la mayoría de los casos solo uno sobrevive y ese uno fuiste tú, gracias a que el ovulo de la mujer te eligió, los dos tomaron acción. Este es el ejemplo más grande de acción ahí no hay excusas es un acto de simplemente ir hacia adelante sin límites y a toda velocidad, tu estuviste ahí para ganar el premio más grande que Dios te ha dado, tu propia vida para generar tus propias oportunidades, sea cual sea tu situación puedes lograr las cosas que te has propuesto, obviamente si haces las cosas correctamente día a día y un paso a la vez, con paciencia y si sigues las reglas seguro puedes lograr más en 5 años que lo que has logrado en toda tu vida.

Un ejemplo bello de tomar acción es la ley de causa y efecto, lo que siembres es lo que cosecharas, tu no le puedes pedir a la tierra que te de arroz si sembraste frijol o papa o si siembras calabaza, por eso te pongo este ejemplo, haz las cosas correctamente usa estos 7 pasos que son simples y sencillos así lo que siembres es lo que cosecharas, aquí cabe otro ejemplo, si dices lo que quiero hacer es que mis hijos me abracen y nunca lo hacen, recuerda lo que siembras, cosechas; ahora cambia tú, empieza a abrazarlos aunque ellos te rechacen, tal vez no están acostumbrados pero tú eres la persona que tiene que dar el primer paso, acción y ya, te darás cuenta de lo bien que te va a ir poco a poco vas a tener resultado, en algunos casos va a ser más rápido y en otros más lento depende de cada quien, o quieres que te digan que te quieren toma acción y diles tu primero y tarde o temprano vas a cosechar y como comentario si tus hijos no son cariñosos o te rechazan eso fue lo que sembraste, pero la gran noticia es que tú lo puedes cambiar y recuerda:

La gota de agua dobla la piedra, no por su fuerza si no por su constancia.

En un seminario en Los Ángeles California cuando hablaba de este tema una persona me dijo déjame entenderte, yo tengo 55 años ¿puedo ser el mejor jugador del mundo en el futbol si tomo acción? ¿Si hago lo que tú dices? A lo que le conteste: recuerda número 1, ¿tienes talento para el futbol? Y segundo que hay leyes y en este caso tu cuerpo ya no podría hacerlo en este momento, probablemente cuando eras joven si tenías el talento y las aptitudes sí, o en la liga de personas de tu edad, sin embargo esas ganas que tienes de jugar las puedes transmutar en otras cosas que te gusten y te hagan sentir pleno, las personas a veces entienden las cosas de manera diferente, lo importante es que tu entiendas bien las reglas del juego como la de la ley de la gravedad puesta en una acción:

Una persona está en un edificio de 20 pisos y se quiere aventar, no importa si esta en Alemania, España, Colombia, México, o en África y tampoco va a importar para la ley de gravedad que religión tiene ya sea católico, cristiano o musulmán. Si se avienta en el 100% de los casos se va a morir y en el mejor caso va a salir muy lastimada esa persona porque es una ley universal y así funciona.

TOMA ACCION

Pide y se te dará, busca y encontraras, toca y se te abrirá, ojo las 3 son de acción.

Y es la segunda vez que lo menciono.

6. **Realiza ajustes.**

Puedes cambiar la estrategia pero nunca la meta.

Muchas personas se dan por vencidas en los primeros intentos cuando están en el proceso de lograr una meta el 85% de las personas abandonan sus propósitos porque en el camino se encuentran con situaciones que no esperaban llamados comúnmente problemas, de tal forma que se desesperan y abandonan sus sueños, sus metas y ambiciones. Lo peor de esto es que tal vez en la mayoría de los casos cuando una persona renuncia, está desistiendo no solo a sus sueños si no a las metas que compartió con su familia (en la mayoría de los casos) por esta razón es importante tener un porque muy grande para que nada te desvíe de tu objetivo, ahora que pasa ¿cuándo abandonas tu meta? lo que pasa es que pierdes confianza y creas miedo en la mente en lugar de confianza, entonces estableces muros en tu mente en lugar de tender puentes que te llevarían a otra meta y a otra y a otra.

Ajusta tus velas.

Si alguna vez fallas no importa sigue adelante, tienes que tener una buena detección de en qué fallaste y como lo puedes solucionar, busca todas las rutas posibles y toma la más conveniente para ti y sigue adelante, recuerda las grandes metas se logran con pequeñas acciones, Steve Jobs el creador de Apple, antes de tener lista su computadora Mac y que funcionara bien tuvo que ajustar sus velas varias veces pero nunca desistió al dirigir a su equipo para que obtuvieran el producto que él quería, y así como ellos en tu vida cotidiana tal vez tú has tenido algún problema has ajustado tus velas y lo has resuelto, claro pero lo hiciste sin saber, la idea es que tu estés consciente de las posibles alternativas que tienes para mejorar tu vida y hacerlo.

Ojo con la crítica.

Existe la crítica que edifica y la crítica destructiva.

La crítica que edifica te sirve para que veas los errores que tú no ves en ti, y te sirve para crecer como persona, en tu trabajo, familia, negocio etc.

Y la destructiva la cual es una crítica que lleva en su esencia algo de veneno, es decir que busca hacer daño, la cual en algunas ocasiones va disfrazada de buenas intenciones, el problema es que si no estás preparado (a) para recibir esa crítica te puede dañar, aquí es donde entra tu filtro mental para que nada ni nadie te pueda afectar, por que recuerda tu eres el dueño de tu vida.

Mira el latinoamericano o los hispanos son muy crueles cuando alguien falla o le va mal o fracasa, es algo está muy mal visto, es parte de una cultura mediocre que nos afecta a todos. En mi caso he tenido varios grandes tropiezos en la vida, el primero cuando yo creía que todo estaba bien en mi vida, cuando creía que prácticamente me retiraba porque estaba ganando bien, tenía varias casas, con las rentas podía vivir el resto de mi vida de manera holgada sin hacer prácticamente nada, tenía muchos amigos, comía en restaurantes bla, bla, bla. Pero viene una recesión en estados Unidos 2008, 2010 y pierdo prácticamente todo lo material y la salud también se deterioró un poco pero lo más doloroso para mi fueron los que yo pensaba que eran mis amigos se fueron, ya no había fiestas, ni cenas en restaurantes, uno de mis antiguos jefes de hecho lo escuche burlándose de lo que me había pasado y yo aquí tenia de 2 opciones, o me quedaba o avanzaba y decidí seguir adelante ajustando las velas, hoy tengo nuevos amigos los cuales estuvieron conmigo en los momentos difíciles además de una familia maravillosa y un futuro prometedor. Ajuste mis velas.

Lo que te quiero decir es lo siguiente: si fallas ajusta tus velas y sigue adelante, no pasa nada, has oídos sordos a las palabras de los necios.

    a. Analiza el problema.
    b. Busca todos los caminos. cuando pienses que ya tienes todas las respuestas siempre hay otra mejor, busca y encontraras.
    c. Realiza una nueva estrategia, usa lo que te funciono y desecha lo que no te funciono.
    d. Toma acción. Ahora saldrás con más confianza de que vas a lograr tu objetivo.

e. Si te caes, aprendes te levantas, sigues adelante y ya.

Ajusta tus velas. El camino es más sencillo si tienes las herramientas y sabes a dónde vas!

7. **Repite la fórmula**

Si algo te funciona síguelo haciendo hasta que te deje de funcionar.

Esto significa que si tú tienes un sistema para el logro de tus metas o pequeñas acciones que te llevaron al logro de tus metas en tu industria, repítelo lo puedes mejorar poco a poco, sin embargo no lo cambies de inmediato, no es sano y tiene que ser de una forma paulatina a corto plazo.

Muchas personas logran alguna meta y quieren cambiar la forma de hacer las cosas y se ponen a inventar y no está mal, lo malo es que si algo funciona síguelo usando y mejóralo gradualmente poco a poco y de esta manera te estas preparando para el futuro, esto funciona para las personas como para las grandes y pequeñas empresas.

Por ejemplo en Estados Unidos hay una tienda llamada JC PENNEY es una tienda de ropa, zapatos y todo para la casa esta tienda es famosa y exitosa por sus maravillosos descuentos, bueno el hecho es que esta tienda contrata a un ejecutivo muy talentoso el cual había tenido un gran éxito en otro rubro, este hombre al llegar como Director general de esta cadena de tiendas, elimino la mayoría de las ofertas para obtener mayor ganancia. Y como resultado casi la lleva a la quiebra, obviamente fue despedido no duro mucho, la tienda regreso a su antiguo sistema de descuentos y hoy sigue siendo una de las tiendas más exitosas que han sobrevivido a la competencia de las tiendas por internet.

No solo en las personas sino también en las empresas aplica.

Si algo te funciona síguelo haciendo hasta que te deje de funcionar.

El poder de tu mente

Este capítulo probablemente sea el más importante de este libro para la mayoría de las personas, porque aquí es donde está la solución para el progreso, la abundancia, tu estado de felicidad en el presente, pasado y futuro.

La mente es una herramienta muy poderosa que podemos usar para nuestro propio beneficio y hay que comprender como funciona.

Aquí te invito a que conozcas un poco más de cómo funciona tu mente.

Normalmente las personas piensan en su mente como algo normal, como una herramienta más del cuerpo, la mente humana es maravillosa, es poderosa y creadora, sin embargo no se le da la debida importancia.

Tu mente con una dirección adecuada es muy poderosa y dije la palabra poderosa, pero si está mal programada te puede llevar a donde tú no quieres, de hecho, de la mente se encuentra la verdadera felicidad y prosperidad que siempre has querido en tu vida. En las diferentes áreas no solo en la financiera, también en la física, espiritual, familiar, en las diferentes áreas que conforman tu vida.

Y la mente está dividida en 3 poderosas partes, en este libro hablaré de dos partes y ojo hablo de la mente no de los componentes del cerebro, que es diferente.

Mente consciente, mente subconsciente.

Mente consciente.

Los expertos dicen que esta parte de la mente abarca entre un 8% al 10% de tu capacidad mental. Esta es la parte de la mente con la que tenemos el control, la lógica racional y proactiva, aquí tomamos decisiones.

Es donde tu recibes información que puedes recordar sumas, restas, los colores y todo con lo que te comunicas día a día, esta es muy importante porque tiene juicio, aquí aprendes reglas y costumbres para hacer algo, aquí está tu educación, es decir en esta parte de la mente están las cosas de lo que estas consiente.

Ahora bien, para entenderlo si la información que te dieron de niño fue incorrecta vas a pensar que estas bien y tal vez no, ejemplo: un niño que su padre es ladrón y el niño vive con eso en su infancia para él es normal, pensando que está bien y cuando sea grande ya sabemos a lo que se dedicara con toda seguridad, o este otro ejemplo: es como una computadora, de pende que programas tenga es como va a funcionar, sencillo; ¿verdad? así pasa con esta parte de nuestra mente, depende de la información que tenga es a la dirección en la que te llevara, es como las velas de un barco, así que dale buena dirección y si esta con malas programaciones aquí te diré que puedes hacer para mejorar.

Con esta parte de la mente tenemos el razonamiento que nos puede ayudar o nos puede parar, nos puede ayudar a tomar buenas o malas decisiones lo cual determina el resto de nuestra vida.

Es está la parte de la mente que tiene que estar bien dirigida, ahí tiene que tener metas, un porque para que esté llena de un deseo ferviente por mejorar tu vida, ya que esta parte de la mente es muy importante ya que te conecta con tu mente sub-consciente.

Mente subconsciente.

Esta otra parte de la mente es la que dicen los expertos abarca el restante 90 % de tu capacidad mental, es decir es la parte de tu mente más poderosa solo que no tiene un filtro, es decir la información que le introduces no sabe si es buena o mala simplemente la recibe y la almacena, es como una base de datos gigante la cual archiva todas las experiencias de tu vida, esta parte de la mente te puede llevar a tu mayor éxito o a tu mayor fracaso, esta es el área de la mente que se encarga de ayudarte cuando tu cuerpo necesita cierta cantidad de agua, sal, potasio, de cuanto oxígeno necesitas para hacer deporte,

que alimentos necesitas después de hacer ejercicio, aquí está toda la información de lo que necesita tu cuerpo.

Y se trata de aprender a introducir información de manera correcta a esta parte de la mente.

Y si esta zona de nuestra mente es tan poderosa ¿por qué no eres exitoso (a)? La razón es porque está mal programada, o programada de manera incorrecta, porque no tiene consciencia, es decir cómo te mencione en los capítulos anteriores tiene grabados creencias negativas hacia a ti mismo (a) tales como: no puedes, no sirves, eres pobre, el dinero es para los ricos, eres feo (a) etc…

La buena noticia es que tú puedes *reprogramar* tu mente para que te ayude a salir adelante, lograr lo que quieres y ser feliz más tiempo.

Ahora bien para conectar la mente consciente con la mente subconsciente hay que hacer un puente entre ambas y este puente tiene 3 formas básicas de llegar para reprogramar tu mente sub-consciente.

Al mencionar la palabra reprogramar me refiero a introducir información valiosa para ti en el sub consciente para que trabaje a tu favor en vez de hacerlo en tu contra.

Muchas personas no se dan cuenta del gran potencial que tienen porque su mente subconsciente está llena de basura, de tal forma que desde el consciente querer salir adelante, pero si el subconsciente tiene información negativa o errónea va a ser muy muy difícil.

Como reprogramar tu mente.

Si quiere mejores resultados en la vida cambia lo que tienes en la mente, y tu vida va a cambiar

1. Por repetición constante

Esto quiere decir que si tu repites mucho algo te conectas y tu mente subconsciente tarde o temprano te va a llevar a eso que estás buscando, por ejemplo en positivo con tus metas, las ves todos los días antes de dormir y al levantarte (en una tarjeta o en fotos escribes eso que quieres alcanzar) tienes de ahí el modo exacto para repetir constante y te lleva a lograr tus metas, en negativo al niño que siempre le dijeron que era tonto o pendejo o que no podía, ahora de grande se pega con algo por accidente y el solo se dice así mismo (a) HAY PENDEJO ya se la creyó y eso precisamente es lo tiene que cambiar, ya que le está afectado en su vida, o está en el trabajo y algo le sale mal, y se culpa por eso y se dice soy un pen….

Alguien me pregunto alguna vez ¿por qué hay hijos de personas prosperas que son muy suertudos? hacen negocios y les salen bien y a ¿los que no tienen les sale mal?

Y la respuesta es sencilla ellos vieron cuando eran niños (si tuvieron buenos padres) se les hace normal hacer negocios porque eso fue lo que presenciaron toda la vida y los niños pobres vieron qué su padre se esforzaba trabajando de sol a sol y el dinero no les alcanzaba y como te podrás dar cuenta la mente se programó de diferente manera.

Si te das cuenta suena lógico que tu mente consciente está motivada pero es el 10% de tu capacidad mental y tu mente subconsciente tu 90% tiene programaciones de "no puedes", "no sirves", "no vales", "no eres importante" etc. Y ¿quién va a ganar? Obvio la mente subconsciente y tú como persona pierdes, sin embargo no se trata de saber quién gana o quien pierde, la idea es saber usar correctamente las herramientas que tenemos y esta, es muy poderosa si la usamos correctamente. Por ejemplo:

Si escribes una meta en una tarjeta que quieres una casa, auto o empresa, la mujer o el hombre de tus sueños y anotas las características de lo que pediste, en este caso un "auto con marca y el año" , le pones fecha en que la quieres tenerlo y se lo dedicas a alguien y esa tarjeta la ves por lo menos 3 veces por día, al levantarte por las mañanas, en la comida y antes de acostarte, y si además consigues una foto del automóvil y la pegas en tu cuarto o e tu oficina tu subconsciente se graba; a eso le llamamos **Programación positiva intencional** (PPI) que es lo que va hacer tu mente subconsciente (90% de tu capacidad mental) va a buscar que eso que quieres se haga realidad.

Ejemplo de una casa.

Anota tu meta inmediata aquí y pega la foto de lo que quieres en el centro

Mi meta es tener

_____

A más tardar la fecha _____

Como lo voy a lograr:

_____

_____

_____

Le dedico mi meta a:

_____

_____

_____

Ya que tengas anotada tu meta, vela cuantas veces puedas en el día y sin fallar todas las noches antes de acostarte y todas las mañanas al despertar.

La mente bien programada te lleva a dónde quieres, es una realidad, no es magia ni nada por el estilo, "es lógico" o casi lógico para algunos y si no lo crees no importa tu hazlo y de todas maneras funciona.

Afirmaciones. El hacer afirmaciones en voz alta para algunas personas es algo raro y hasta ridículo, sin embargo hacer afirmaciones positivas es importante y ayuda a la programación mental, a la inversa la persona que hace afirmaciones negativas y siempre se está recriminando por lo que hace mal, eso le ayuda a programarse de manera negativa.

Afirmaciones positivas.
- Repite esto.
- Soy un mejor ser humano.
- Soy más feliz.
- Hoy soy más próspero,
- Soy una persona sana.
- Soy excelente para los negocios.

Y más estas afirmaciones se hacen en voz alta con emoción y en presente.

Es tu turno:

Anota 3 afirmaciones positivas:

1. _____

2. _____

3. _____

2. Programación por sentimientos.

En positivo por ejemplo la persona va teniendo logros pueden ser pequeños y le crea emoción, No te imaginas cuanta confianza te puede dar un poquito de éxito y cuanto éxito te puede dar un poquito de confianza, eso te crea sentimiento y emoción, ahí nos conectamos y en nuestra mente subconsciente se abre el puente y esa es la idea.

Cuando quieras lograr algo imagínatelo como si ya lo tuvieres y siéntelo en el corazón, esa es la clave de este tipo de programación por sentimientos.

En esta parte en negativo es cuando una persona tiene una perdida muy grande y siente una gran tristeza la cual logra llegar al subconsciente, como en el caso de una persona que tuvo un fracaso amoroso y le dolió tanto que ya no quiere saber nada del amor, o una persona que intento hacer algún negocio y no le fue bien, sintió tan fuerte ese acontecimiento que ahora ya no quiere intentar hacer algún tipo de negocio y prefiere un sueldo seguro.

Afirmaciones:

Ahora que pasaría si haces tus afirmaciones por repartición y con emoción, claro son aún más fuertes.

3. Programación por un fuerte shock

Cuando una persona tiene un accidente de automóvil y después ya no quiere manejar, se conectó y creo miedo en su mente subconsciente, o la persona que el esposo va por cigarros y ya nunca regresa ¿imagínate el shock tan fuete que recibe esta mujer?, o el niño que se sube a un árbol y cuando lo ve la mamá le grita que se baje de ahí y del susto se cae del árbol; conozco a una persona que cuando era niña se cayó de la rueda de la fortuna en un parque de diversiones ella dice que era pequeña y fue tan grande el susto que ahora no se sube por nada del mundo.

Estos son los 3 tipos de programaciones, la sugerencia que te voy a dar en este libro es como Reprogramar tu mente subconsciente tú mismo a través de repetición constante y con sentimientos.

Lo importante en esto es que tu comprendas que tu mente es un tesoro, que si lo alimentas correctamente vas lograr todo lo que quieres en la vida, y la forma más sencilla es por repetición constante y positiva, anotando tus metas, haciendo una carta de cómo quieres que sea tu vida, pegando fotos de lo que quieres eso te lleva a la visualización de lo que quieres de tu vida; recuerda todos los grandes inventos, grandes avances se imaginaron primero y después se realizaron a eso me refiero con visualización… imagina tu vida como te gustaría que fuera y punto.

Hay miles de ejemplos de visualizarse pero uno que me gusta mucho es el de Jim Carey el cual él se escribió un cheque por 10 millones de dólares cuando nadie lo conocía y se puso un plazo de 5 años y ¿qué crees? se le hizo realidad.

Ojo el éxito no es solo para los que tú crees que son privilegiados o divinos como a veces vemos a este tipo de personas, tu eres privilegiado, divino y más, pero el éxito radica en lo que pones en tu mente y si lo sientes te conectas de forma maravillosa. Recuerda el punto más importante es tomar acción.

Recuerda que la mente subconsciente no sabe si la información es buena o mala, de tal forma que si la información que obtiene es de escases, de pobreza, de que el dinero es malo así va reaccionar, por tal motivo tienes que filtrar tus pensamientos con la mente consciente para que a su vez la mente subconsciente reciba la información de manera correcta y te lleve derecho hacia tus sueños y metas.

Ejemplo: vas de viaje desde la ciudad de Chicago a la ciudad de México, pero tu mapa te guía de Chicago a Miami obviamente no llegas a México directamente; así de simple funciona tu mente, si le das la información correcta te va dar el resultado correcto, se escucha lógico ¿verdad? por esta razón insisto tanto en el poder del pensamiento positivo, en que filtres tus pensamientos y en que direcciones de modo adecuado la mente.

A medida que aumente tu fe en lo que quieres los resultados cambiaran también, cambia tus pensamientos y tu vida será diferente.

Con esto tu hoy puedes elegir felicidad, abundancia y dejar de pensar de manera negativa, recuerda que tu mente subconsciente no discute contigo, acepta todo lo que la mente consciente le dice. Decide ser un mejor ser humano, un mejor padre, decide ser feliz, decide ser financieramente abundante y rechaza a las personas que tienen pensamientos negativos, recuerda que la mente subconsciente no tolera bromas solo recibe órdenes.

Tú eres el capitán del barco y tú diriges tu vida, cree en la buena fortuna y que eres merecedor de las cosas buenas de la vida.

Otro punto importante es que si te concentras en hablar de las cosas malas que te pasan todo el día todo los días tu mente subconsciente lo creerá y así será tu vida.

Depende de la información que introduzcas en la mente, es el resultado que vas a obtener en las diferentes áreas de tu vida.

Es tu turno:

Haz una lista de todas las cosas que te hacen o que te harían feliz.

_____

_____

_____

_____

_____

_____

_____

_____

_____

_____

_____

_____

Ahora inventa para ti una afirmación positiva.

En las líneas en blanco anota las cosas buenas que tienes.

Después repítela en voz alta

Capacitación y motivación

Es muy importante que cualquier cosa que vayas a emprender te prepares al máximo en el tema que vas a tratar, la industria a la que vas a ingresar, el negocio que vas a emprender, los productos que vas a distribuir.

Mucha gente se emociona y está motivada para hacer algo pero no tiene la preparación adecuada para algún tipo de industria, entonces lo más seguro es que va a fallar en el 95% de las ocasiones, y si tiene éxito sería cuestión de suerte, se escucha lógico pero muchas personas cuando deciden emprender se dejan llevar por sus emociones y tienen que conectar la parte analítica para que puedan tener los mejores resultados.

La motivación sin capacitación se convierte en frustración.

Motivación significa un motivo para la acción. O digamos

Motivo acción.

Hay personas mal entienden la motivación, con estar emocionados al grado de la euforia, yo lo comparo con las porristas animando al público es lindo su trabajo pero eso no es motivación, motivación es tener un por qué, una razón para salir adelante y tiene que ser grande y poderoso, como ya lo mencionamos anteriormente.

Muchas personas están emocionadas por alguna situación, leyeron un libro, tomaron un curso o conferencia o simplemente imaginaron algo y están emocionadas para emprender, pero la emoción sin dirección te puede llevar a la frustración y al fracaso.

Es como la electricidad puedes usarla para cocinar o te puede cocinar.

Lo que intento decir es que la motivación en si es buena, te da energía, fuerza y deseo, pero tiene que venir acompañada de preparación y capacitación.

Cuando estamos motivados para hacer algo, queremos lograr grandes cosas pero si no tenemos la preparación necesaria lo más seguro es que fallemos, ahora bien no te esperes a que todas las condiciones sean perfectas para emprender pero ten la preparación básica para poder realizar correctamente tu trabajo.

Ahora veamos el otro lado de la moneda.

La capacitación sin motivación te lleva a la frustración.

Hay personas que tienen una gran preparación, de hecho pueden tener maestrías y doctorados pero si no tienen un por que poderoso es muy difícil que avancen en sus proyectos, este tipo de personas quieren saber todo para poder emprender algo, siempre están cuestionando todo y como en su mente se convierte en un habito entonces se vuelve un patrón mental negativo lo cual los lleva a la mediocridad, lo cual les crea un sentimiento de frustración y envidia que hasta que no lo cambien van avanzar en las diferentes áreas de su vida, ejemplo de esto son las personas que terminaron una carrera y terminan haciendo otra cosa que no tiene nada que ver con lo que ellos estudiaron, vemos licenciados manejando un taxi y con esto no quiero decir que manejar un taxi o Uber sea malo "de hecho creo que es una herramienta que les ayuda a los emprendedores a tener ingresos en lo que su negocio florece"

Pero bueno lo que trato de decir con esto, es que estas personas tienen más habilidades y ya se conformaron con lo que tienen, poniendo mil razones para justificar la situación, estas razones les llamamos excusas y ¿qué es una excusa?: Es una razón lógica para ti, para justificar la situación o el error, el punto es que si estas capacitado pero no tienes la motivación necesaria te puedes quedar en el lugar donde empezaste y peor ahora estas más frustrado por que te das cuenta todo lo que puedes lograr ya ahora estas estancado. ¿Duele? si, ¿se puede arreglar? SI por supuesto, de hecho esta en tus manos, en todo el libro hemos hablado de la acción y de que si sigues haciendo lo que has hecho hasta el momento como puedes tener resultados diferentes, has cosas diferentes y obtendrás resultados diferentes, atrévete y si te caes sacúdete el polvo y vuélvelo a intentar, no pasa nada, lo que si puede pasar es que va a ver gente que te va a criticar, que te van a decir cálmate ¿para qué lo intentas? ya estas viejo, busca algo seguro e infinidad de cosas, porque las personas cuando ven que estás haciendo cosas diferentes te van a criticar, recuerda los roba sueños siempre están al acecho buscando denigrarte, buscando desacreditarte, buscando hacerte sentir que no puedes, pero cuando triunfas esas mismas personas son las que te dicen cosas como, Yo siempre confié en él, yo le dije como le hiciera, yo siempre lo apoye etc…

En una ocasión vino hacia mí una persona con un inmenso potencial pero con una auto estima muy lastimada, esta persona (José) era preparada, había viajado por gran parte del mundo, pero fracaso en su matrimonio y perdió confianza, José permitió que la sombra del miedo e inseguridad se apropiaran de él en ese tiempo, así paso aproximadamente 5 años en los cuales fue decayendo cada vez más, nada le salía bien, le regalaron un seminario, lo llevaron a fuerza, recuerdo muy bien su rostro "tenía dos expresiones cara de huarache pisoteado y cara de pujido" es de ese tipo de personas que se hacen notar por su negatividad, obviamente yo sabía que José necesitaba ayuda en ese seminario había más de 300 personas y José se distinguía entre todos, este término su curso el cual le ayudo en gran manera, pidió una entrevista conmigo, platicamos alrededor de media hora acerca del filtro mental, de la comida mental chatarra, de programaciones y más, en fin temas del curso. A José le recomendé un servicio que ofrecemos de seguimiento llamado Life coach, el cual da seguimiento de manera profesional a las personas durante 8 semanas en principio, después José tomo los 3 niveles de los cursos que ofrecemos, te comparto que José de no tener un centavo en la bolsa hoy a 3 años es un empresario muy productivo, ya empezó a viajar por el mundo y está ofreciendo fuentes de empleo y es una persona muy agradecida que a todas partes donde va nos recomienda y cuenta su testimonio.

¿Por qué menciono esto?, recuerda que la capacitación sin motivación se convierte en frustración y viceversa.

Así pues MOTIVACION Y CAPACITACION van de la mano no hay que confundir este concepto las dos son muy importantes y lo puedes ver en todas las industrias de todos los rubros, desde una casa humilde que quieren salir adelante hasta las grandes corporaciones que quieren llegar más lejos, desde lo más sencillo hasta lo más grande, la capacitación y la motivación son cruciales, por ejemplo en los deportes puedes tener al mejor equipo en teoría, pero si no está motivado no pasa nada y al revés.

Recuerda: prepárate "y actúa"

Así que prepárate y ten un por qué y ponle acción.

Y recuerda siempre alimentar correctamente a tu cerebro.

DEJA DE DARLE COMIDA CHATARRA A TU CEREBRO.

Así como hay comida chatarra para nuestro cuerpo, así hay para el cerebro, hace algún tiempo mi hijo Emmanuel trajo a casa un experimento que me dejo impresionado y fue el siguiente: el traía una semilla de frijol con transgénicos, químicos y conservadores algo normal en estados Unidos y en otros países, por otro lado una semilla del frijol orgánico a los dos los puso primero en un algodón con agua, después cuando tenían su primer ramita los puso en tierra, lo cuido por alrededor de 4 semanas el resultado fue el siguiente:

Frijol transgénico. Una sola ramita y fea.

Frijol Natural. Un plantita al triple de alto y con varias ramas bellas.

Así pasa con nuestra mente que le estas dando de comer comida orgánica positiva o comida transgénica negativa.

Hay un sinnúmero de experimentos que comprueban que el pensamiento positivo tiene poder, el poder de edificar a una persona positivamente le ayuda de una manera increíble para el logro de sus metas y de la otra forma como te comente la historia de José los pensamientos negativos te pueden llevar a lo más crudo de la desesperanza… tú decides, es más, en lo positivo te puede comparar la Fe y con el miedo en lo negativo, Jesús como maestro eso es lo que enseñaba a estar más tiempo en lo positivo a estar más tiempo en el amor, ayudar a otros etc. Wow después hablaremos más de Jesús y sus enseñanzas las cuales me parecen fascinantes desde el punto de vista maestro sin fanatismo ni religiones.

Así bien la motivación y la capacitación van de la mano para el avance en cualquier ramo.

Acción pura
(No necesitas suerte necesitas moverte)

Hemos hablado que el tomar acción es importantísimo y lo es de hecho, anteriormente mencione pide y se te dará, busca y encontraras, toca y se te abrirá, los 3 son de acción, es de moverse, es de hacer, la acción positiva es salirte de tu cuadro romper el paradigma, la palabra paradigma son ciertas reglas y costumbres para hacer algo.

Es tan simple como decir, en una carrera de 100 metros los participantes entrenaron por meses incluso por años, imagínate que a la hora de correr la carrera se queden inmóviles, suena ilógico, bueno así pasa con muchas personas, quieren una mejor calidad de vida y se quejan todo el tiempo de la vida que tienen, de la economía, del país, etc. sin embargo no toman acción para cambiar.

Imagínate a un corredor dando toda su teoría y nunca estar en la carrera, sería ilógico ¿verdad? Las carreras se ganan porque se corren, actuando haciendo es tan simple como eso, porque puedes leer todos los libros de superación personal, de desarrollo humano, de motivación, de atracción, la biblia etc. Pero si no actúas no pasa nada.

En los 7 pasos que mencionamos anteriormente comentamos que hay que tener un plan, la meta etc., pero sin acción seguirá sin pasar nada.

Con la acción al emprender algo la tienes que acompañar de varios elementos.

Hay personas que se me acercan en las conferencias y me dicen es que no encuentro novio ¿qué hago? Pues búscalo, hay uno en cada esquina, como el transporte público y si se te va uno llega otro bien rápido, pero en tu casa no va a llegar, ahora se selectiva búscalo en un lugar que te garantice que es una buena persona, que quiero decir si lo consigues en un bar o en un antro, no te quejes después de que te salió tomador o borracho. Tú eliges pero ponle acción.

Todo lo anterior es solo un ejemplo chusco, sin embargo eso pasa con las cosas que queremos lograr si no hay acción no pasa nada, absolutamente nada y lo que pasa es que te vas convirtiendo en soñador en el tipo de persona que dice me gustaría... quisiera y después dice si hubiera, que tristeza pero así sucede y así se pasan la vida soñando pero no haciendo, recuerda esto CREER Y CREAR ESTAN A SOLO UNA LETRA DE DISTANCIA. Créelo y actúalo recuerda que el tiempo es el único recurso no renovable y mientras más pase el tiempo más vas a tener los famosos si hubiera, ¿has escuchado la famosa frase nunca es tarde para empezar? Es real, no importa la edad que tengas ni la condición social, si quieres algo ponle acción, aquí quiero hacer hincapié a que no solo acción con emoción también necesitas la razón, lo cual significa lo siguiente.

a) Prepárate en el tema lo más que puedas.
b) Ponte una Meta.
c) Actúa.

Si no te preparas lo que te puede pasar es que estés muy motivado pero no pasa nada porque no sabías del tema o no tenías las herramientas para hacerlo, por ejemplo:

Hay personas que quieren ser cantantes y no tienen las aptitudes para serlo, no tienen la voz etc. Sería ilógico toma acción con algo que no te acomode y si no tienes las aptitudes para ser cantante puedes ser otra cosa, pianista, representante de cantantes, actor o ¿qué se yo?, lo más importante es que te prepares y tomes acción. Si te das cuenta tu puedes, anteriormente te mencione el ejemplo de Og Mandino, cayó en la desgracia, perdió todo y por necesidad tenía que estar en las bibliotecas públicas en Nueva York, y como le exigían leer para estar ahí lo hacía, así se convirtió en un gran escritor ha vendido millones de sus libros por todo el mundo pero el necesito preparación, acción y encontrar su talento.

Es maravilloso estar motivado por un proyecto, estar emocionado te hace sentir vivo sin embargo si no te preparas te vas a frustrar.

Bueno dejando en claro por segunda ocasión en este libro que sin preparación es difícil que logres tus sueños seguimos directo con la acción

Y por qué la gente no actúa.

Es fácil hay varias razones, por ejemplo:

1. El miedo es la más común. A muchas personas el miedo los paraliza y no lo deja avanzar, ¿y si no funciona? ¿y si fracaso?¿ y si me critican? ¿y si me sale mal? Así está la mente, nos han metido tantas creencias negativas que ahora ya no quieres actuar; ahora el miedo es normal, es una emoción que todos los seres humanos experimentamos, es parte de nuestro instinto de supervivencia y lo que tienes que hacer es curarlo ¿cómo se cura? con acción; y si al hacerlo sientes miedo con todo y miedo ¡hazlo¡ y te quiero decir algo el miedo es natural es una de las emociones del ser humano, el problema es que nos quisieron programar a no sentir miedo. Recuerda una vez más *'Si quieres hacer algo y te da miedo hazlo aunque sea con miedo"*

2. Por falta de preparación. Es normal no querer emprender algo que no sabes cómo se hace, ya lo hablamos varias veces en este libro, la cura, prepárate en el tema, si no tuviste la oportunidad de estudiar una carrera y ya no tienes tiempo puedes especializarte en lo que quieres hacer y punto, por ejemplo quieres poner un restaurante, que es lo básico que necesitas, costos, contabilidad, excelente comida, el mejor servicio etc… hoy en día estamos en una era extraordinaria, la información la tenemos a la mano en el teléfono, esta google o you tube etc. Y hay un sinnúmero de cursos gratis o pagados que te pueden ayudar en tu propósito de vida.

3. Por decidia. Este es común, en México y Latinoamérica había un personaje muy famoso llamado el chavo del 8 el cual mucha gente conoce y era muy gracioso, y cuando tenía que hacer algo decía, si lo hagoooo, no lo hagoooo, si lo

157

hagooooo etc… era gracioso, pero hay mucha gente que así esta con sus sueños, como el chavo del 8. Hacen y no hacen y así se pasan toda la vida.

4. Por postergar. Esta palabra significa dejar para después y cuantas cosas has dejado en tu vida para después, cuantos proyectos, sueños e incluso decirle a alguien un te quiero o un te amo, te aseguro que son muchos; la idea es que si te queda el saco le pongas acción y ya, si es en tu trabajo ponle acción, si es con alguna meta ponle acción, si es personal ponle acción.

En todas las áreas de nuestra vida necesitamos poner acción en algo, así que mientras tengas tiempo se puede hacer todo lo que te propongas pero recuerda que el tiempo es el único recurso no renovable y quien pierde tiempo pierde vida.

Si te emociona pensarlo… imagínate hacerlo.

Esta es una de las historias de acción que más me ha gustado a lo largo de Los Años la cual compartió conmigo uno de mis maestros llamado Julián.

Un Mensaje A García

Cuando comenzó la guerra entre España y los Estados Unidos, era necesario el comunicarse rápidamente con el líder de los insurgentes. García estaba en algún sitio de las densas montañas cubanas - pero nadie sabía dónde. No se podía usar el correo o el telégrafo para llegar a él. El Presidente necesitaba su cooperación, con urgencia.

¿Qué se podía hacer?

Alguien le dijo al Presidente, "Hay un tal Rowan que puede encontrar a García, si es que alguien puede es el".

A Rowan se le requirió fuera y se le dió una carta para que se la entregara a García. Como "el tal Rowan" tomó la carta, la selló en una cartuchera de cuero, se la amarró a su pecho sobre el corazón y en cuatro días desembarcó de noche en las costas de Cuba desde un pequeño bote, desapareció dentro de la jungla, y en tres semanas reapareció al otro lado de la Isla, habiendo atravesado un país hostil a pié y entregó la carta a García pasando por muchas situaciones en el camino, son cosas que no tengo interés en detallar. El punto que deseo hacer es este: El Presidente Mackinley le entregó a Rowan una carta para que se la llevara a García; Rowan tomó la carta y no preguntó "¿Dónde está García?".

¡Por todo lo Eterno! aquí está un hombre del cual se le debe erigir una estatua en bronce en cada universidad y escuela. No es conocer los libros lo que necesitan nuestros estudiantes, ni conocer de esto o aquello, pero endurecer su columna vertebral para que se pueda confiar en su lealtad de actuar prontamente, que puedan concentrar sus energías: para que puedan hacer una cosa: «Llevar un Mensaje A García».

Wow que maravillosa historia de Rowan que llevo esa carta a García sin preguntar,

¿En dónde está?
¿Quién es él?
¿A qué se dedica?
¿Es peligroso?
Y más….

Rowan simplemente hizo lo que tenía que hacer paso por muchos problemas en la selva cubana pero logro su objetivo llevar la carta a García.

Imagínate si tu tuvieras esa filosofía en tu vida, en tu empresa, con tus hijos, con tus metas, simplemente te dijeras a ti mismo es un mensaje a García y punto.

Por ejemplo en una meta en tu vida.
¿Cómo le vas hacer?
¿A quién tienes que ver?

¿Con quién te tienes que juntar?
Etc…

Planeas, lo haces y punto, es una gran filosofía que tenemos que aprender y comunicársela a nuestras futuras generaciones para seguir prosperando y quitar las excusas de nuestra vida.

Recuerda la acción es lo que cuenta.

Si quieres mejorar en tu vida en cualquier aspecto al poner acción tienes que poner disciplina y que es esto:

Disciplina. Conjunto de reglas o normas cuyo cumplimiento de manera constante conducen a cierto resultado. Sin disciplina no pasa absolutamente nada, bueno si pasa. No ocurren los resultados que esperas.

Una persona que no tiene un orden en su vida y es desorganizada le resulta difícil ascender y lograr sus sueños y esto aplica en todos los aspectos de la vida, se escucha lógico verdad pero la mayoría de las personas deja pasar esto por alto lo que los lleva a que su vida sea más complicada y por esta razón encuentra más problemas sin buscarlos!

Por ejemplo en la alimentación, el 80% de las personas comen abundante y poco sano y después dicen, yo no sé porque estoy subiendo tanto de peso, ¿Por qué sera? Es por tanto comer, jajaja, de igual forma una persona disciplinada come sanamente y se da sus lujos de vez en cuando y ya come más pesado tal vez solo un día a la semana.

Disciplina Con la salud. Además de una buena alimentación es importante que hagamos ejercicio regularmente, de hecho existen un sinnúmero de campañas acerca de este tema, escuche a un doctor muy afamado en USA que con caminar 30 minutos diarios puedes evitar la presión arterial alta, diabetes, disminuir el stress entre muchas otras cosas positivas para nuestra salud solo con caminar 30 minutos.

Disciplina con el trabajo.- esta es muy importante porque para el 95% de las personas es su sustento y tienes que aprender a ser disciplinado en tu trabajo, a llegar temprano, hacer las cosas bien desde la primera vez, por qué ¿cómo vas ascender en un trabajo? si eres común, indisciplinado, con excusas, sin animo, te quejas de todo etc. He conocido personas a lo largo de mi vida que de la nada con esfuerzo y preparación han logrado ascender en sus trabajos, ojo y cuando digo preparación no me refiero solo a los estudios de las escuelas comunes, en tu trabajo te puedes especializar en lo que manejan normalmente y así lograr subir algunos escalones, recuerda todo es cuestión de enfoque y las cosas van a ser como tú lo vayas creando.

Disciplina Con los negocios. Si vas a hacer un negocio asegúrate de ser disciplinado con el dinero y con todo lo que conlleva un negocio por más pequeño que sea, "por que quien es bueno en lo poco es bueno en lo mucho", en este tema pasa mucho con los latinos que nos comemos el éxito, es decir empezamos a generar dinero en el negocio y ahí viene el auto último modelo, la casa más grande, comidas en restaurantes, sin darnos cuenta que ese negocio es un bebe y necesita más alimento para crecer.

En una ocasión leí a un empresario japonés LO CUAL ME PARECIÓ FASCINANTE.

Carlos Kasuga dueño de la empresa YAKULT Lo siguiente:

Hijo de inmigrantes japoneses, él dice, soy de fabricación japonesa *hecho en México* como el mismo lo dice, él es empresario desde los 20 años, empezaron con una fábrica de juguetes inflables y actualmente es presidente de la empresa Yakult la cual actualmente vende 3 millones quinientos mil frasquitos diarios.

Wow, eso es un gran logro, el comenta que para tener una empresa de calidad una familia de calidad, un país de calidad es lo primero que tenemos que hacer es empezar por nosotros mismos, él dice que el que el empresario Mexicano se come su éxito, le empieza a ir bien y empieza a gastar en un gran auto una gran casa, los mejores restaurantes, viajes caros, ropa cara, etc. etc. hasta que el negocio se cansa y fracasa, en el caso de los japoneses viven de manera austera con un sueldo normal y después de 20 años ellos empiezan de manera moderada a obtener ciertos lujos, una gran diferencia.

4 Pasos que recomienda Carlos Kasuga. Para ser una persona de calidad.

El bien ser.
Ser puntual, ser honesto, ser trabajadores, ser estudiosos, ser disciplinados.
El bien hacer.
Has todo bien desde la primera vez. Si abrazas hazlo bien, desde que te levantas, si te despides hazlo bien, en el trabajo hazlo bien, y cuando hagas el amor hazlo bien.
El bien estar.
Es sinónimo de felicidad, porque estamos dando lo mejor de nosotros mismos y a la sociedad.
El bien tener.
Él recomienda no buscar hacer las cosas rápidas y fáciles, él dice que te sientas orgulloso de hacer las cosas correctamente.

Y comenta que la gran diferencia que él cree que existe entre los mexicanos y los japoneses empieza desde la educación en las escuelas y dice que en México se tienen que enseñar más valores.

Por ejemplo algo que yo no sabía es que en las escuelas japonesas los mismos alumnos limpian las aulas, se les enseña como barrer, como trapear, como gastar menos agua, en general como ser más limpios (los salones de clase) dice que la calidad comienza por la limpieza. La productividad empieza desde la limpieza, la ecología.

El punto es el siguiente en México y Latinoamérica educamos a los estudiantes de la siguiente manera, a el chico que se porta mal es al que lo ponen a recoger toda la basura del salón y con eso los jóvenes y en general las personas piensan que recoger basura es algo de gente mala y el resultado que tenemos son calles sucias y llenas de basura y los mares sucios

La virtud más noble que debe tener un ser humano es la limpieza.

Algo que me gustó mucho de su conferencia es que él dice que cuando nuestros padres nos dieron la vida nos dieron una cuenta de 500,000 pero no son ni pesos ni dólares son 500,000 horas vida para hacer lo más que podamos con ellas podemos invertirlas o mal gastarlas.

Y es las 24 horas que tengamos hay que saber invertir bien nuestro tiempo.

Me encanto lo que dice don Carlos Kasuga tenemos muchas horas pero de nosotros depende que hacemos con ellas si las usamos o las mal gastamos con esto prosperaremos o estaremos muy mal, la realidad como hemos hablado en este libro depende de nosotros hacer de esta vida un lugar lleno de logros y felicidad o un valle de lágrimas lo más importante es que sabemos que depende de nosotros.

Estás de acuerdo que para ser feliz y tener éxito hay que hacer ciertas cosas de cierta manera todos los días de manera correcta. Como lo acabamos de ver invertir tus horas de la mejor manera para ti y tu familia, con esto aquí te van algunos puntos que pueden seguir nutriendo tu mente.

Disciplina Con la familia. Decirles a tus hijos que los quieres, que los amas, hay que abrazarlos y expresarles nuestro amor, es importante que sea de corazón, tiene que ser de manera disciplinada, de igual manera a tus padres, pareja etc.

Con la pareja. Este es un punto es valiosísimo porque se nos olvidan con el paso del tiempo esos buenos hábitos que tuvimos para con la pareja, invitarla a comer, al cine, ver una muy buena película, salir de vacaciones etc… estas cosas que menciono son parte de ser disciplinado en la relación para que siga manteniéndose viva la llama del amor.

Con la parte espiritual. Esta para mi es crucial, y la deje al final a propósito para hablar un poco más de ella, si eres disciplinado con esta parte todo lo demás viene por añadidura, para que las cosas sucedan fuera tienes que estar bien por dentro, esa es la parte espiritual sin entrar en religiones, es la parte donde estamos conectados con Dios o el universo o como le quieres llamar, pero para conectarnos tenemos que ser disciplinados en nuestras oraciones, en nuestra consciencia y en más cosas con las cuales no sabemos lidiar, solo te digo que si logras estar bien en parte espiritual todo lo que has soñado se te convierte en realidad, salud, amor, felicidad, dinero, éxito, de aquí surge todo, porque no tienes culpa, no tienes miedo, no tienes resentimientos, no te quejas del pasado, es decir llevas una vida donde las carga la dejas atrás.

Jesús como gran maestro dijo cosas como, VACIA TU CARGA EN EL SEÑOR, Porque temes hombre de poca Fe y mucho más, el maestro más grande de la historia, que nos enseñó a vivir plenos a dejar de sentir culpa como algunas religiones hacen creer a la gente, sin embargo la mayoría de la gente no lo ve, prepárate y abre tu mente para ser libre espiritualmente.

Y son solo ejemplos para darte cuenta en donde puedes corregir tu vida para así mejorar y sentirte pleno en los diferentes aspectos.

Algunos puntos básicos para en avance en todas las áreas de nuestra vida.

Preparación.

Básico para el desarrollo de tu vida, si no tuviste la oportunidad de estudiar prepárate o si estas iniciando en algo nuevo que no tiene nada que ver con tu carrera, estudia lo más que puedas y ponle acción.

Persistencia.

Esta palanca es clave para el logro de cualquier cosa que nos propongamos en nuestra vida esto es seguir y seguir, un gran ejemplo de persistencia es la gota de agua que dobla una piedra es tan contante por años que logra hasta hacerle un oyó a la piedra, muchas veces en la vida has querido hacer algunas cosas pero a la primera de cambio te has dado por vencido, sigue adelante con persistencia y si te caes una vez levántate 2 y si te caes 2 levante 3 etc... Eso se llama persistencia.

A que queda muy bien este escrito llamado:

Siempre persiste.

Si alguna vez en tu vida las cosas no salen como quieres… Persiste.
Si la gente te critica… Persiste.
Si los amigos se alejaron… Persiste.
Cuando parece que las cosas no salen… Persiste
Si a veces te dan ganas de llorar y quisieras renunciar…
Sigue adelante y persiste.
Se terco sé cómo la gota de lluvia.
Porque al final de cuentas Dios se va
A sentir orgulloso de su hijo, el príncipe
Que persistió y logro lo que quería.

Manuel Benítez Sanz.

Pide, siente, agradece

Es la certeza de que algo va a pasar, es estar seguro de que está ahí, es como saber que va a salir el sol.

El gran maestro Jesús iba caminando y había 2 ciegos y le gritaron Jesús, Jesús hijo de David y Jesús entre toda la multitud los alcanza a escuchar se acerca a ellos y le dicen: - señor somos ciegos ayúdanos y Jesús les hace una pregunta -¿tú crees que yo puedo hacer eso? SI SR, CREEMOS, QUE TU PUEDES SANARNOS y Jesús le contesta QUE SE HAGA CONFORME TU HAS DICHO.

Aquí nos encontramos con la FE y Jesús les dijo que se haga tu voluntad, él no dijo yo te cure, o yo te voy a curar.

Las personas con fe se curan y obtienen lo que quieren de manera muy simple

Aquí hay una clave maravillosa para aprender a pedir.

EJERCICIO:

Primero medita cálmate, quita de tu mente todo miedo, culpa, o rencor, respira profundamente, 3 veces aspira por la nariz y saca el aire poco a poco por la boca, date tu tiempo.

Pide, siente, agradece.
Pide lo que quieres.
Date permiso a sentir que ya lo tienes.
Y agradece porque ya tienes lo que pediste.
Recuerda después de esto toma acción hacia lo que pediste.

Es como cuando eras niño y le pedías a tu papá algo y él te decía que si tu simplemente le decías gracias papá, agradeciendo, pues así funciona esto que estoy compartiendo contigo, en otras palabras pide creyendo que ya lo tienes y agradece.

Es todo lo que tienes que hacer y en la medida que lo vayas haciendo lo vas a dominar más y vas a recibir lo que esperas de manera inesperada y maravillosa, por esa misma razón recuerda pedir cosas correctas que no afecten a nadie y hacer meditación para que puedas llegar a un estado mental limpio, sin miedo, sin culpa, sin rencor. Con fe esperanza y amor.

Qué maravilla poder tener todo en nuestras manos y traer a nuestra vida las cosas buenas y todo esto a través de controlar nuestros pensamientos, filtrándolos y eligiendo con que nos quedamos y que desechamos.

Luis se salió con la suya.

Hace unos días después de una gira de conferencias viajaba de la ciudad de México hacia Las Vegas y en el aeropuerto me encontré con un gran amigo el cual no veía hace algunos años y de los cuales cuando los ves sabes que existe un gran cariño a pesar de los años o la distancia, su nombre es Luis, él se dirigía hacia Las Vegas, logramos regresar juntos en el avión y al platicar con él me comentó la siguiente historia que viene muy a doc con esta charla, él me contó que siempre se salía con la suya y en una ocasión de niño, le gustaba la equitación y les dijo a sus padres que quería un caballo de salto y la respuesta de sus padres fue que era muy caro, pues él dijo yo lo voy a tener, él se imaginaba que ya lo tenía paso el tiempo y como al año un amigo le dice que tiene un caballo para competencia de salto y ya no lo quiere, ¿tú lo quieres Luis? A lo que él pregunta ¿cuánto quieres? y le dice que gratis y Luis dijo ok, consiguió una camioneta fue por él y llevó el caballo a casa de sus padres.

Que tal, y así salieron otras historias y te digo que Luis no estudia metafísica, ni el secreto, ni estudia a Cristo como maestro, el simplemente pide, hace lo que tiene que hacer y le suceden las cosas. Así que la sugerencia es, déjate llevar y toma las acciones correctas.

Si crees que te funciona te va a funcionar, solo déjate llevar y se paciente.

Pido, siento y agradezco.

Pedir. Cuando se pide algo a Dios, al Universo tienes que saber qué es exactamente lo que quieres, de esa forma es mucho más fácil que las cosas que esperan lleguen con la mayor certeza posible, pasa muy a menudo que la persona pide cosas que no son específicas y esa es una de las razones por las cuales no les llega lo que esperan o reciben otra cosa, porque tal vez pidieron con miedo o con culpa o con rencor y RECUERDA QUE SE PIDE Y SE PIDE CON EMOCIÓN, si lo haces de esa manera seguramente recibirás lo que estas esperando de modo correcto.

Para que nos podamos entender mejor date cuenta que los pensamientos dan dirección a lo que quieres y los sentimientos dan conexión a ti con el universo, así que cuando una persona esta triste, melancólico, con resentimiento, ira o culpa, no logra la conexión correcta para que se den sus anhelos… así es.

Y cuando una persona que está en armonía con pensamientos correctos y sentimientos correctos es seguro que le va a llegar lo que está pidiendo.

Aquí otra historia, conocí a un empresario muy exitoso, logro hacer una fortuna en pocos años, él era muy positivo y emprendedor, siempre se salía con la suya, hasta que un día su ego no lo dejo ver más allá de su nariz y no se dejó ayudar, el resultado fue que perdió casi todo lo que había logrado, en ese tiempo volví a tener una plática con él y fue cuando entendí la razón de su desgracia; numero 1 el Ego y número 2 se la pasaba echándole la culpa a todo mundo de su fracaso y obviamente la plática con él fue una muy mala experiencia por que la persona que yo conocí ya no existía, ya era otra y con resultados desastrosos.

Es solo un ejemplo que pasa en todos los niveles sociales y con todo tipo de personas.

Sabemos que en todo lo que ponemos atención bueno o malo eventualmente se aparece en nuestras vidas.

Veámoslo de la siguiente manera, una persona que imagina tener una casa la define bien lo siente con alegría cada vez que lo piensa, toma las acciones correctas, el resultado tarde temprano será lo que pidió, y como vimos anteriormente esto es delicado, porque la mente subconsciente no es consciente de lo que pides, por esa razón la mejor definición de lo que acabo de explicar es la siguiente:

Tenga cuidado con lo que usted fija en su mente y en su corazón porque si usted lo desea con fuerza lo tendrá.

Creer

Esto es cuando se pide tienes que dar por hecho que ya lo tienes es momento presente no es para el futuro o a ver si se puede cuando crees todo el universo conspira a favor tuyo, tal vez leíste o viste el video del secreto el cual hablaba de la ley de atracción lo cual se refiere a esto que te comento aunque ya hace más de 2000 años el maestro Jesús lo enseño de manera maravillosa, lo que pasa es que el sentido que se le ha dado es un sentido diferente a lo que él quería transmitir.

SI USTEDES CREEN RECIBIRÁN TODO LO QUE PIDAN EN ORACIÓN. Mateo 21:22

Agradece.

Para confirmar lo que pediste con fuerza y creyendo lo que sigue es dar gracias porque ya lo tienes.

Ya lo pediste, es lo que quiero.

Ya lo sentiste. Sientes la emoción desde el estómago.

Agradece dalo por hecho. Ya lo tienes aquí y ahora.

Lo voy a poner en palabras sencillas para podernos entender de manera más sencilla, una petición se hace de la siguiente manera.

Hoy espero señor (universo) la casa que te pedí, como te la pedí, recuerda con sentimiento, y te doy las gracias por haberme dado ese regalo.

Cuando empieces hacer estas oraciones creyendo te van a empezar a suceder cosas maravillosas y entonces entenderás por que se dice que el reino del cielo está dentro de ti.

Obviamente tus acciones sean dirigidas hacia lo que pediste, no esperes que dormido o sentado en el sillón te va allegar lo que pediste. MUÉVETE VE HACIA LO QUE PEDISTE.

Cuando se habla de esto muchas personas piden, sienten y agradecen y lo que sigue es dejarte llevar hacia allá, en el camino aparecerán las personas correctas y las situaciones correctas.

Obviamente todas estas cosas suceden si le pones acción a las cosas, no te quedes inmóvil, ese es el problema, resulta que se ha mal entendido este concepto de pedir y muchas personas piden y no hacen, mi mamá una vez me dijo: es chiflando y aplaudiendo, es decir pidiendo y haciendo.

Te acuerdas que te platique de mi amigo Luis, bueno con su historia te comparto lo que te estoy transmitiendo.

Luis pidió el caballo.

Luis se imaginaba saltando en el caballo.

Luis agradecía por que el sentía que ya lo tenía.

Él no sabía como pero le sucedió y todos tenemos ese poder de creación y a la mayoría de las personas les ha pasado algo parecido ya sea con un dulce, una bicicleta, un auto, tu casa, tu pareja, a Luis le pasó con un caballo y con muchas cosas más, el problema es que pensamos que es coincidencia y no que es creación.

Ley de atracción y más

Existen diferentes leyes que si no las seguimos al pie de la letra en lugar de estar a nuestro favor juegan en nuestra contra, por ejemplo.

Con La electricidad puedes cocinar o te puede cocinar.

Seguramente Has escuchado que tu atraes todo lo que pasa en tu vida, bueno o malo y es cierto, conoces gente que se queja de todo y todo lo malo le pasa, desde sencillos incidentes hasta enfermedades y más.

Te ha pasado que tienes mucho tiempo de no ver a alguien y lo piensas mucho y de repente te habla o te lo encuentras y lo que decimos normalmente !qué casualidad verdad¡, claro por qué así nos educaron de hecho cuando lees algunas de las frases o ideas que pongo en este libro, tu mente se resiste a aceptarlo, no te preocupes es normal, imagínate tantos años creyendo otras cosas y aquí te digo que todo lo que quieras lo puedes tener, salud, dinero y los más grandes sueños, de hecho en la biblia leemos eso, recordando que algunas religiones el sentido que se le ha dado no es de prosperidad ni abundancia sino todo lo contrario lamentablemente, resulta ser que las personas profesamos alguna religión y no es malo, lo malo es cuando las personas en lugar de sentirse felices, sienten culpa, miedo, resentimiento hacia ellos mismos, o hacia los demás todo lo contrario de lo que enseño Jesús así como otros grandes maestros, por esa razón muchos religiosos que en base a sus creencias atraen a su vida desdicha, pobreza, enfermedad y como no¡ si se la pasan quejándose de todo y conviviendo con gente igual o peor que ellos.

Te das cuenta cómo la ley de atracción funciona, lo similar atrae, lo similar y lo malo se pega y hasta es lógico, otro ejemplo: imagínate que uno de tus hijos o sobrinos se junta por un periodo de un año con gente adicta a las drogas, por más valores que tenga en el 95% de los casos comprobado los jóvenes caen en las drogas por querer ser parte de un grupo.

Así como los jóvenes en el anterior ejemplo también pasa con los adultos, se quejan y se quejan que terminan con personas iguales a él o muy parecidas.

Ahora bien déjame aclararte que si nunca has leído acerca de este tema tienes que abrir tu mente a esta idea, de que todo lo que pienses lo atraes, ya sean cosas buenas o malas, puedes atraer cosas buenas a tu vida, como salud, bien estar dinero en general abundancia, o puedes atraer a tu vida enfermedad, carencia, amargura, todo depende de lo que tu pongas en tus pensamientos, ¿has escuchado la frase tu eres lo que piensas? A esto se refiere, a que en tu vida primero te imaginas cosas y después te pasan las cosas.

Ahora ¿porque pasan más cosas malas que buenas? la respuesta es porque la educación mental es de forma negativa es decir la mayor parte del tiempo y a la mayoría de las personas se les han educado más en la parte negativa, para sentirse víctimas y eso los lleva a conectarse fácilmente con la ley de atracción pero en negativo porque la persona siente tristeza con una idea en la mente, recuerda que te comente que para atraer lo que quieres lo tienes que sentir y con lo negativo eso es lo que pasa la persona lo siente y lo atrae. Por esa razón tenemos que aprender a pensar y sentir en positivo como si ya nos estuviera pasando por esa razón enfatice en capítulos anteriores que tienes que tener un filtro en la mente para que cada vez que tengas pensamientos negativos los pares de inmediato.

Si te sientes bien, estás creando un futuro que seguirá la senda de tus deseos. Si te sientes mal, estás creando un futuro que se desviará de la senda de tus deseos. La ley de la atracción está actuando en cada segundo. Todo lo que pensamos y sentimos está creando nuestro futuro. Si estás preocupado o tienes miedo estás atrayendo más de lo mismo a tu vida.

Lo que pasa por tu mente pasa por tu vida.

En mi caso lo que hago cuando me viene algún pensamiento negativo pongo la misma situación pero en positivo.

Así que la ley de atracción funciona para la salud, para la familia, para ser feliz, para los negocios y para una vida plena, tú tienes al alcance todo lo que quieras para tu vida.

¿Has escuchado la frase? "los pensamientos son cosas", ¡parece increíble pero así es! lo que imaginas si le pones acción comienzan a suceder cosas maravillosas, empieza a llegar a tu vida las personas correctas, hay una frase que me gusta mucho y esta es:

Da el primer paso con Fe.

«Por tanto, os aseguro que todas cuantas cosas pidiereis en la oración, tened fe de conseguirlas, y se os darán». Marcos 11:24

Recuerda el: Pide, siente, agradece y esto con emoción.

Cuando sabes lo que quieres y lo conviertes en tu principal pensamiento, lo atraes a tu vida.

Bob Proctor.
Éste es el problema. La mayoría de las personas piensan en lo que no quieren y no dejan de preguntarse por qué se manifiesta una y otra vez.

John Assaraf.
Todo esto de la ley de atracción y del pedir con Fe parece irreal, sin embargo hoy en día la física cuántica ha demostrado que todos estamos conectados a través de energía y que efectivamente existe una fuerza superior. Hace 20 años tal vez era una utopía hoy esta demostrado.

Emprendedores

En todas partes siempre escuchamos de personas que son emprendedoras, individuos que causan una diferencia en el mundo o en su propio mundo, gente determinada a lograr lo que quieren, seres que a pesar de sus limitaciones salen adelante y triunfan, estas personas las encontramos en todas partes del mundo en diferentes industrias y lo son de todas clases y es de destacar que están determinadas a lograr su objetivo.

Estas personas han pasado por un sinnúmero de problemas y han salido adelante a pesar de: en esta parte te compartiré historias de quienes están logrando su proyecto de vida y siguen adelante como muchos otros, quiero decirte que son hombres y mujeres normales, amas de casa, madres solteras, padres de familia, el chico que vende algo y se supera, aquella persona que es tímida, se da permiso y triunfa en la industria de las redes de mercado. En fin los emprendedores están en todos lados y aquí veremos algunas historias de personas famosas y otras que no lo son, pero cada uno de ellos son verdaderos héroes emprendedores, que no se dan cuenta de su valor y llegan a inspirar a miles de personas iguales a ellos. Hay miles de historias de emprendedores en los negocios desde Rockefeller hasta Steve Jobs de Mac, Bill Gates con Windows, Mark **Zuckerberg** de Facebook o los inventores de app UBER Travis Kalanick y Garrett Camp en este capítulo hablaremos de los emprendedores anónimos los que solo en su familia saben de ellos, pero que tal vez son muy parecidos a ti que estás leyendo este libro.

Papá es mi héroe.

Corría el año de 2004 cuando tuve la oportunidad de conocer a José, un inmigrante Mexicano en Estados Unidos, que lo único que quería era huir de la pobreza extrema en la que vivía en su país, pues bien, al haber perdido a su esposa meses atrás y al haber superado su depresión, decide tener una mejor calidad de vida y para ello tenía que pagar un precio muy muy alto.

José intenta pasar la frontera de México a Estados Unidos con sus dos pequeños hijos Rosy y Pepe con la esperanza de darles una mejor vida, con poco dinero pero muchas ilusiones hacen su primer intento corría el mes de octubre una noche fría, José contrata a alguien para que los ayude a cruzar el río y logran cruzar sin saber que su travesía apenas empieza, un víacrucis de 3 días inolvidables para los 3.

En pleno desierto sintiendo los estragos del frío de repente se escucha un auto el cual es de los oficiales de migración, por suerte encuentran un tubo enorme de drenaje y ahí se esconden por más de 8 horas, el olor era a podrido, el agua estaba descompuesta, sentían mareos y José no quería arriesgar a sus hijos a que lo agarrara la migra, así que cuando sintió que estaba seguro salieron pero su pequeño hijo tenía una cortada en el pie que se le infectó y cada hora se veía peor, la nena ya no podía más, era delgadita, con una sonrisa angelical la cual le decía a su papá, papi ya me quiero regresar a casa.

Entre la noche y el día, alacranes, escorpiones y coyotes, cuando José sabía que ya estaba casi a la mitad del camino y que no podía regresar, piensa, tengo que ser fuerte, Dios ayúdame, no me dejes morir con mis dos hijos; pasaron ese 1er. día con mucho calor y casi deshidratados, ahora a dormir, los niños no podían más y José sabía que el niño ya no podría caminar por la infección en el pie que estaba empeorando.

En la mañana siguiente del 2°. día, José continúa su camino ahora cargando a su pequeño hijo haciendo descansos de media hora cada 3 horas, casi al llegar la noche José cae desmallado, la niña ya no puede caminar y ahí quedan por algunas horas.

Los niños duermen y José despierta de su desmayo pidiéndole a Dios que lo ayude una vez más; en este punto José decide que a la mañana siguiente se entregaría a las autoridades para que atendieran a sus hijos, pero a la mañana siguiente lo despertaron unos susurros, voces, eran otros inmigrantes que les ofrecieron su ayuda para poder llegar a una ciudad de Arizona.

Caminan por varias horas y los otros inmigrantes le ayudan a José a cargar a su hijo, así que logran llegar; dando las gracias a quienes los ayudaron. Ahí se separan y lo primero que José hace es preguntar dónde está el hospital más cercano para atender a sus 2 hijos que se veían muy mal, Pepe su hijo con el pie lleno de pus por la cortada que tenía y Rosy totalmente deshidratada.

Los médicos los atienden le hacen una curación a Pepe y le logran salvar el pie, y Rosy estaba muy mal. La niña dice a José, papi no me quiero quedar aquí hace mucho frío, no me vayas a dejar; sale José de ese cuarto y aunque los doctores hacen varios intentos de ayudarla, cae en coma. Un doctor de origen México Americano sale con José, le explica la situación y le dice que su hija cayó en coma.

En ese momento José sentía que se moría, en ese momento le preguntó a Dios ¿que le debía para que lo tratara así? Doctor dígame si mi hija tiene posibilidad de vivir. A lo que el doctor le dice que sí.

José sabe que no la puede abandonar ahí, así que se consigue un trabajo en ese pueblo y así transcurren meses y la pequeña Rosy sale de del coma. Esta historia continúa, por años José trabajó y sus 2 hijos ahora son profesionistas.

Tal vez para muchos José es común pero no, él es más que Superman o el hombre araña, para sus hijos es el más grande héroe

Cuantas historias existen como la de José.

La nena y mamá.

Después de haber pasado por un matrimonio muy difícil con un marido perseguidor Ángela decide tomar uno de los pasos más difíciles de su vida, divorciarse, lo cual para ella es muy difícil porque era inmigrante en Estados Unidos, con todos los miedos que una mujer sola puede enfrentar y de repente se queda sola con su nena y además de eso, en su trabajo ponen un supervisor nuevo el cual no le importaba la situación de nadie, junto con los dueños de esa compañía la despiden y se queda sin trabajo, ella está desesperada;

el departamento donde vivía estaba por vencerse, el último pago que su ex esposo dio y ella en un país donde lo que manda es el dinero, pasa noches sin dormir junto a su pequeña hija. En su charla interna sabía que iba directo a vivir a la calle, sin familia y sin conocer a nadie, lo único que le pedía a Dios es que le diera un techo donde dormir y un trabajo digno, el día llega y tiene que vivir en albergues y a veces en la calle con su pequeña hija, después de casi un año afortunadamente una familia de México le da posada para que no siga viviendo en la calle.

Una mañana su hija llorando le dice: mamá ya me quiero ir a mi casa como antes, la nena de solo 4 años no entendía por qué estaba en otra casa con otra familia, pero ese día Ángela se prometió que iba hacer todo lo posible para tener un buen trabajo y tener su propia casa.

De inicio limpió casas, cuido niños, realizo trabajos a las que no estaba acostumbrada y trabajaba de sol a sol, Hasta que un día alguien le consiguió un trabajo formal y aunque no hablaba el idioma ella se logra colocar haciendo su mejor esfuerzo todos los días.

Hoy tiene su propia casa, habla inglés y sale adelante con su hija que ahora tiene 20 años y siguen hacia adelante como 2 guerreras imparables.

¿Te preguntaras que tiene de especial esta historia? Tiene que es una persona que salió adelante a pesar de todas las adversidades, a pesar de que le decían que se regresara a su país y resaltar que no tuvo que depender de nadie para salir adelante, eso quiere decir que cuando se tiene un porque muy fuerte, se puede.

Cuantas historias de este tipo conocemos, tal vez tu eres una de ellas, y siéntete orgulloso, esto eleva tu auto estima porque tú eres importante, muy valioso aunque la gente no te lo diga.

El chico del traje arrugado.

De viaje en algún país yendo a impartir curso y conferencias, asiste un joven de baja estatura con el traje arrugado y la corbata mal puesta, el cuello de la camisa arrugado. Este Joven se acercó a mí para preguntarme cuál era el ingrediente principal para triunfar y ya sabes, le contesté tu actitud, tu preparación en lo que vas a emprender, tu persistencia etc…

Tuvimos una charla de aproximadamente una hora y me contó de la pobreza extrema de la que el venía, nació prácticamente en la calle con una partera y toda su infancia vivió en una casa de cartón frente a un canal de desagüe con olor insoportable que cuando llovía él y sus hermanos se mojaban y que eso lo impulsó a salir adelante, incluso él decía que en alguna ocasión tuvo que robar comida para que sus hermanitos pudieran comer, pasó una infancia muy triste porque además su padre era alcohólico y lo golpeaba a él, a sus hermanitos y a su mamá, vivió realmente una infancia muy complicada entre en alcoholismo, la pobreza y los ladrones; digno de escribir un libro o una película acerca de él, en fin en esa breve platica me dijo: Manuel ¿tú crees que un tipo como yo pueda tener éxito? Pero por supuesto que sí, le contesté con absoluta certeza y le pregunté, ¿tienes algo que perder? Y me contestó ¡no! Qué te motiva, me dijo mi madre y mi familia, entonces aprende todo de tus productos y tu negocio y ve por lo que quieres, le dije, conozco cientos de historias de personas como tú que han salido adelante en las empresas de venta directa, seguros y multinivel, así que ve por lo que quieres y no descanses hasta lograrlo.

Al año siguiente soy invitado a hacer una gira en ese país y en esa empresa, asisto a la noche de premiación y mi amigo del traje arrugado fue el número 1 en ingresos con más de $210,000 dólares acumulados en el año, sí, dólares en su primer año, lo cual es una gran suma de dinero en cualquier país del mundo.

Cuando termina la premiación se acerca mi amigo del traje arrugado y me dice gracias Manuel, a lo que contesté ¿de qué? si yo no hice nada, solo te di algunos consejos, tú decidiste hacer tu sueño realidad, seguimos hablando de sus historias de su madre de su nueva casa, en general de sus logros. ¿Qué consejo me darías ahora Manuel? Contesté: si te pudiera dar una consejo seria este, NUNCA TE OLVIDES DE DÓNDE VIENES.

La siguiente historia me la compartió una amiga, estábamos en una reunión de amigos y le pedí a Rosalba la escribiera porque me encanto.

Rosalba Taylor

Hoy estoy cumpliendo 18 años de vivir en USA, lo escribo y no lo creo, todo pasa tan rápido, recuerdo cuando Douglas me propuso venir aquí, yo vivía en mi bello Cancún y bueno lo primero que pensé por fin aprenderé Inglés (les cuento que en Cancún asistí como a 7 escuelas de Inglés en las cuales me especialicé en el básico, cuando llegué a Estados Unidos solo hablaba Español y cuando hablaba a mi amado México con mi mejor amiga, una Checoslovaca que también estaba aprendiendo inglés, nos aventábamos unas conversaciones que nadie entendía pero ella y yo la pasábamos de lo mejor.

Viví en Fort Myers Florida 6 meses donde trabajé en dos salones de belleza, el primero con una Colombiana donde llegaban solo latinos, y pensé, tengo que irme a un lugar donde no hablen español, así que me fui a un salón de americanos, deje de ver televisión en español y me metí por octava vez a una escuela de inglés por supuesto. Ahí como en otras ocasiones no faltó el que se burló cuando dije algo mal en inglés, me fui a casa triste, pero me salió eso que te levanta y me dije:

No permitas que algo así te detenga, al siguiente día me planté en mi clase, leí lo que tenía que exponer con errores y cuando terminé el mismo que se burló ahora se me acercó admirado y me dijo "tú hablas bastante inglés," ahí me di cuenta que el que se burla es porque sabe menos que tú.

De ahí nos fuimos a Las Vegas y trabajé en el Spa del Aladdin ahora Planet Hollywood, mis compañeras de trabajo fueron lo máximo, les divertía mi acento y por supuesto mi inglés, ellas siempre me apoyaron tanto en el trabajo como en el idioma. Otra cosa que aprendí aquí fue a conducir un auto (cosa que no es mi favorita, yo nací para tener chofer pero la cigüeña no estuvo de acuerdo) jajaja.

Saqué con mucho esfuerzo la licencia de cosmetología, esta carrera la hice en Xalapa, Veracruz, para mi buena suerte aquí solo tuve que presentar los dos exámenes, el práctico lo pase a la primera, pero el escrito como no me doy por vencida al tercer intento pase... ahh y el examen de conducir lo aprobé al cuarto intento. Si estoy escribiendo todo esto es porque quiero decirles que si están intentando algo que desean y nos les sale a la primera, ni a la segunda, ¡no importa! Quizás hay personas que a la primera lo logran y que bueno, pero hablemos otras que no y que seguimos en el intento y de última si no lo logramos aprendemos y seguimos adelante hasta lograrlo.

Benjamín Franklin dijo: "Muchas personas mueren a los veinticinco y no son enterradas hasta sus setenta y cinco." Espero que no estés muerto, espero que no hayas logrado todo lo que vayas a lograr, espero que tus mejores días estén delante de ti. Creo que lo están.

El niño que le quitó la sed a medio millón de africanos.

Ryan nació en Canadá en mayo del 91. De pequeño, en la escuela, cuando tenía tan solo seis añitos su maestra les habló de cómo vivían los niños en África.

Se conmovió profundamente al saber que algunos hasta mueren de sed, que no hay pozos de dónde sacar agua, pensar que a él le bastaba dar unos pasos para que el agua saliera del grifo durante horas…

Ryan preguntó ¿cuánto costaría llevarles agua? La maestra lo pensó un poco y recordó una organización llamada WaterCan dedicada al tema y le dijo que un pequeño pozo podía costar unos 70 dólares.

Cuando llegó a su casa fue directo a su madre Susan y le dijo que necesitaba 70 dólares para comprar un pozo para los niños africanos. Su madre le dijo que debía ganárselos él mismo y le fue poniendo tareas en casa con las que Ryan se ganaba algunos dólares a la semana. Finalmente reunió los 70 dólares y pidió a su madre que lo acompañara a la sede de WaterCan para comprar su pozo para los niños de África. Cuando lo atendieron le dijeron que lo que costaba realmente la perforación de un pozo eran 2000 dólares. Susan le dejó claro que ella no podía darle 2000 dólares por más que limpiara cristales para toda la vida, pero Ryan no se rindió. Le prometió a aquel hombre que volvería… y lo hizo.

Contagiados por su entusiasmo, todos se pusieron a trabajar: sus hermanos, vecinos y amigos. Entre todo el vecindario lograron reunir 2000 dólares trabajando y haciendo mandados y Ryan volvió triunfal a WaterCan para pedir su pozo. En enero del 99 se perforó un pozo en un pueblo al norte de Uganda. A partir de ahí empieza la leyenda. Ryan no ha parado de recaudar fondos y viajar por medio globo buscando apoyos.

Cuando el pozo de Angola estuvo hecho, el colegio comenzó un carteo con niños del colegio que estaba al lado del pozo, en África.

Así Ryan conoció a Akana; un chico que había escapado de las garras de los ejércitos de niños y que luchaba por estudiar cada día. Ryan se sintió cautivado por su nuevo amigo y pidió a sus padres ir a verle. Con un gran esfuerzo económico por su parte, los padres pagaron un viaje a Uganda y Ryan en el 2000 llegó al pueblo donde se había perforado su pozo.

Cientos de niños de los alrededores coreaban su nombre formando un pasillo ¿Saben mi nombre? -preguntó Ryan a su guía. Todo el mundo a 100 kilómetros a la redonda lo sabe, le respondió.

En la actualidad Ryan Hreljac tiene su propia fundación y llevan más de 400 pozos realizados en África, este dato fue tomado en el año 2010

Ella se divorció.

Conocí una mujer con muy buen corazón pero con una energía muy baja, ella había pasado por momentos muy difíciles en la vida, primero en su niñez problemas de maltrato psicológico por parte de sus padres, ella siempre fue menospreciada siempre le decían que era una tonta, que era fea, que todo le salía mal y mas eso la hizo sentirse internamente menos durante gran parte de su vida.

De adulto tiene varias relaciones amorosas en las cuales debido a su baja auto estima fue igualmente abusada psicológicamente por sus distintos novios, al pasar el tiempo ella se enamora profundamente de un chico maravilloso, el la trataba bien y la hacía sentir importante y se casan.

La relación continuaba normal hasta que viene una gran crisis matrimonial, él tenía otra mujer, ella por su baja auto estima trató de recuperarlo, de retenerlo, sin embargo él se fue, posteriormente le llega una demanda de divorcio, firma papeles, y cayó en una gran depresión.

El problema aquí es que ella se amargo y todo lo veía mal, regreso a los patrones y creencias que le grabaron cuando era niña y en su mente pensaba que era la culpable de su divorcio.

A principio de esta historia comente que cuando la conocí su energía era muy baja y ya sabes por qué, ella vivía con el problema en su mente de la culpa y todas sus malas programaciones, hasta todo lo que habían hecho sus padres y comprendió que un matrimonio es de dos y los dos son responsables.

Sara se volvió a casar y a través de entender sus programaciones y subir su auto estima vive una vida diferente con todos los retos de la vida.

¿Cuantas personas por su baja auto estima se la pasan en la vida con culpa sintiéndose mal por no saber de dónde vienen esos problemas?

"Busca el problema resuélvelo y sigue adelante"

Tu plan de vida

Si no planeas, estas planeando tu fracaso.

Durante muchos años trabajé con muchas ganas, sin embargo, como ya te lo mencioné, con las ganas no alcanza, para triunfar se necesita un plan de vida de qué es lo que quieres hacer, hacia dónde te diriges, cuánto dinero vas ahorrar, un ingreso alternativo, todo lo que necesites lo puedes obtener, y el primer paso es tener un plan, aquí te voy a compartir algunas tips que te pueden ayudar a planear de manera sencilla y sin complicaciones, no importa la edad que tengas.

Como ya mencione antes, sigue estos sencillos pasos:

¿Cuál es tu por qué? ¿Cuál es tu motor, qué te mueve? ¿Tus hijos? ¿Tu retiro digno? ¿Viajar por el mundo?

¿Qué es lo que quieres? Visión clara y positiva de qué es lo que realmente quieres, cuando tengas esta respuesta tendrás la mayor parte del camino recorrido por que ya sabes hacia dónde vas!

¿Para cuándo lo quieres? Ve poniendo tiempos específicos a las cosas que quieres y recuerda, el éxito y la felicidad no es un lugar, es una forma de vivir.

¿Cómo lo vas a lograr? Realiza tu plan de acción, qué es lo que vas hacer, a quién tienes que ver, ¿con quién vas a hablar? ¿Qué actividades vas hacer? Etc…

Recuerda esto:

Si comprendes tus talentos va a ser más fácil que logres tus sueños tal vez no tienes la altura de un jugador de Basquetbol pero tal vez puedes ser el entrenador, o tal vez no eres el mejor cantante pero eres un excelente representante, encuentra tu talento y se tú mismo.

¿Cuánto vales?

Un famoso expositor comenzó un seminario en una sala con 200 personas, tomando un billete de $ 100 Dólares entre sus manos.

Él preguntó: –¿Quién de ustedes quiere este billete de $100 dls?
Todos levantaron la mano…
Entonces él dijo:
–Daré este billete a uno de ustedes esta noche, pero, primero, déjenme hacer esto…
Acto seguido... Él arrugó totalmente el billete.
Él preguntó otra vez: –¿Quién todavía quiere este billete?
Las manos, continuaron levantadas….
Y continuó: –¿Y si hiciera esto?… Dejando caer el billete al piso y comenzó a pisarlo y a refregarlo.
Después, tomó el billete, ya hecho un asco de pisado, sucio y arrugado:
–¿Y ahora?… ¿Quién todavía va a querer este billete de $100?
Todas las manos volvieron a levantarse.
El expositor miró a la platea y les dice que va a explicar lo siguiente:
–No importa lo que yo haga con el dinero, ustedes continuarán queriendo este billete, porque no pierde el valor. Esta situación, también pasa con nosotros… Muchas veces, en nuestras vidas, somos aplastados, pisoteados y sentimos que no tenemos importancia. Pero, no importa, jamás perderemos nuestro valor. Sucios o limpios, aplastados o enteros, gordos o flacos, altos o bajos, ¡nada de eso importa!… ¡Nada de eso altera la importancia que tenemos!… el precio de nuestras vidas, no es por lo que aparentamos ser, pero, si por lo que hacemos y sabemos.

Ahora, reflexione bien y busque en su memoria:
Nombre las 5 personas más ricas del mundo.
Nombre las 5 últimas ganadoras del concurso Miss Universo.
Nombra a 10 ganadores del premio Nobel.
Nombra los 5 últimos ganadores del premio Oscar, como mejores actores o actrices.

¿Cómo Vas? ¿Mal no?… ¿Difícil de recordar?… No te preocupes. Nadie de nosotros se acuerda de los mejores de ayer.

¡Los aplausos se van! ¡Los trofeos se llenan de polvo! ¡Los ganadores son olvidados!

Ahora, has lo siguiente:

Nombre de 3 profesores que te hayan ayudado en tu verdadera formación.
Nombra a 3 amigos que te hayan ayudado en los momentos difíciles.
Piensa en alguna persona que te haya hecho sentir alguien especial.
Nombra 5 personas con quien transcurre tu tiempo.

¿Cómo vas? Mejor, ¿verdad?

Las personas que marcan nuestras vidas no son las que tienen las mejores credenciales, con más dinero o los mejores premios…

Son aquellas que se preocupan por nosotros, que cuidan de nosotros, que de algún modo, están a nuestro lado.

Reflexiona un momento… ¿En cuántas listas has inscrito tu nombre?, ¿Cuántas son las personas a las que afecta tu conducta, tu actitud, tus ganas de vivir?

Dios vive dentro de ti
Entusiasmo

¿**D**ios vive dentro de ti? O ¿está en el cielo? O ¿está en todas partes? ¿o cómo?

¿De dónde viene la palabra entusiasmo?

El entusiasmo es la exaltación del ánimo que se produce por algo que cautiva o que es admirado. El término procede del latín tardío *enthusiasmus*, su origen más remoto se encuentra en la lengua griega. Para ellos, entusiasmo significaba "tener un Dios dentro de sí". La persona entusiasmada, por lo tanto, era aquella guiada por la fuerza y la sabiduría de un Dios, capaz de hacer que ocurrieran cosas.

En la actualidad se conoce como entusiasmo a aquello que mueve a realizar una acción.

La mayoría de las personas prefieren ver a un Dios que vive en otra parte, en el cielo, en el paraíso, etc. menos dentro de ellos mismos porque así fueron educados, sin embargo dentro de nosotros mismos existe toda la divinidad del creador del universo, de hecho somos parte de él y somos co-creadores cuando tenemos un hijo, cuando desarrollamos una idea y la concretamos, si aprendemos a controlar nuestros pensamientos y emociones podemos llegar a lugares inimaginables y a lo que la gran mayoría de las personas busca estar más tiempo en su vida, en un estado de felicidad.

El maestro Jesús mi hermano, nos enseñó cosas tan básicas que las personas no las ven, como tú mismo haces los milagros, como cosas más grandes harán, como "tu fe te ha salvado"

También nos enseñó que hay un Dios de amor, nos dijo que no hay un Dios de castigo, de hecho si lo piensas nosotros nos castigamos a nosotros mismos cuando hacemos cosas que hacen que nuestra energía disminuya y eso hace que entremos en una mala frecuencia, por ejemplo:

La persona que maltrata a sus hijos, en la mayoría de los casos: va a sentir culpa si no es en el momento ya será después.

La persona que le hicieron algo y no perdona, va a sentir odio.

La persona que se siente víctima y tiene un resentimiento. O existen personas que sienten odio hacia sí mismas por alguna situación. Etc.

Y de esta forma mucha gente va sintiéndose mal por la vida por que la educación que les dieron es que… Dios Castiga, Dios pone reglas en las cuales si te portas mal te va a castigar, error como lo dije anteriormente nosotros somos los que tomamos las decisiones buenas o malas, y no Dios, pero para mucha gente lo más fácil es tener errores y decir, Dios me castigo y no decimos tome una mala decisión y por esa razón estoy en esta posición.

El problema es grande, es que no tienes fe en ti mismo y por consecuencia no tienes fe en Dios, no crees que él te pueda dar todo lo que quieres.

Una historia sobre la confianza en Dios

Cuentan que un alpinista se preparó durante varios años para conquistar el Aconcagua.

Su desesperación por la proeza era tal que, conociendo todos los riesgos, inició su travesía sin compañeros, en busca de la gloria sólo para él.

Empezó a subir y el día fue avanzando, se fue haciendo tarde y más tarde, y no se preparó para acampar, sino que decidió seguir subiendo para llegar a la cima ese mismo día. Pronto oscureció. La noche cayó con gran pesadez en la altura de la montaña y ya no se podía ver absolutamente nada. Todo era negro, cero visibilidad, no había luna y las estrellas estaban cubiertas por las nubes. Subiendo por un acantilado, a unos cien metros de la cima, se resbaló y se desplomó por los aires. Caía a una velocidad vertiginosa, sólo podía ver veloces manchas más oscuras que pasaban en la misma oscuridad y tenía la terrible sensación de ser succionado por la gravedad. Seguía cayendo...y en esos angustiantes momentos, pasaron por su mente todos los gratos y no tan gratos momentos de su vida, pensaba que iba a morir, cuando de repente sintió un tirón muy fuerte que casi lo parte en dos... Como todo alpinista experimentado, había clavado estacas de seguridad con candados a una larguísima soga que lo amarraba de la cintura. En esos momentos de quietud, suspendido por los aires sin ver absolutamente nada en medio de la terrible oscuridad, no le quedó más que gritar:

«¡Ayúdame Dios mío, ayúdame Dios mío!».

De repente una voz grave y profunda de los cielos le contestó:

¿Qué quieres que haga? Él respondió: «Sálvame, Dios mío». Dios le preguntó: ¿Realmente crees que yo te puedo salvar? "Por supuesto, Dios mío", respondió. "Entonces, corta la cuerda que te sostiene", dijo Dios.

Siguió un momento de silencio y quietud. El hombre se aferró más a la cuerda y se puso a pensar sobre la propuesta de Dios...

Al día siguiente, el equipo de rescate que llegó en su búsqueda, lo encontró muerto, congelado, agarrado con fuerza, con las dos manos a la cuerda, colgado a sólo DOS METROS DEL SUELO...

El alpinista no fue capaz de cortar la cuerda y simplemente, confiar en Dios.

¿Cuántas veces te ha pasado algo similar?

Atrévete a pedir en grande agradeciendo.

Muchas personas le piden a Dios cosas con una gran humildad el problema es que a Dios hay que pedirle también las cosas en grande y hay que aprender a pedirle correctamente y muchas personas pasan toda su vida de esa manera por esa misma razón no logran sus más grandes anhelos, por ejemplo dicen: Señor permite que no me divorcié, Esa es la petición incorrecta.

La correcta es: Dios permite que mi matrimonio sea completamente feliz y perdurable.

O la persona que dice: Señor ayúdame a pagar la renta con que salga bien el mes ya la hice, y eso es lo que te va a suceder, en lugar de decir:

Señor ayúdame a incrementar mis ingresos por toda mi vida, gracias señor, tienes que pedir en grande.

Recuerda dice "pide y se te dará" no dice pide poco, dice pide si pides poco vas a recibir poco si pides mucho vas a recibir mucho y como dije anteriormente, hay que pedir de manera correcta y en grande si así tú lo quieres.

Una parte de la Biblia dice: "no recibes porque no sabes pedir"

"Jesús dijo se hará conforme a tu fe."

Sin embargo si aprendes a pedir en grande, hay que agradecer en grande, hay que a orar en grande y Dios hará cosas grandes en tu vida. Siempre pensando que es bueno para ti y para tu familia.

Pídele aquellos grandes sueños que tienes guardados en tu mente, en tu alma y en tu corazón.

Pídele agradeciendo una completa salud, pídele unión familiar, pídele ser más talentoso cada día, pídele ser más abundante cada día; y cada vez que pidas agradece porque ya lo tienes aquí y ahora.

Una gran oración.

Dios gracias por bendecirme en grande, en mi salud, en mis finanzas, con mi familia, en mi trabajo, abre mis caminos bajo la gracia de manera perfecta yo estoy abierto a recibir tus infinitas bendiciones.

Es posible que estés viviendo un gran problema en este momento, es posible que tengas grandes problemas con tus hijos es posible que tengas problemas con tu esposa, es posible que no aguantes a tu jefe en el trabajo, no olvides que si haces las oraciones adecuadas agradeciendo que ya lo tienes Dios te va a dar todo lo que pidas y recuerda "pide en grande"

"Atrévete a pedir en grande y Agradeciendo"

Recuerda:
Tú puedes lograr todo lo que deseas.
Tú eres importante.
Tú tienes todas las herramientas para ser financieramente libre.
Tu mente con dirección es muy muy poderosa.
Pide correctamente para que vayas donde si quieres ir.
La vida es para disfrutar.
El dinero es una herramienta.
La acción es el puente.
Dios está dentro de ti.

"Una persona no fracasa mientras esté dispuesto a intentarlo de nuevo"

Palabras de despedida.

Desde lo más profundo de mi corazón te deseo lo mejor, espero que tengas una vida llena de bendiciones, llena de cosas para compartir y te invito a que tomes acción a que te muevas, a que no dejes nada a la suerte, recuerda que tienes todas las herramientas para triunfar para salir adelante y para ser feliz en la vida, y recuerda la única persona que tiene la solución a los retos que se presenten eres tú.

Cada día que pase repite los buenos hábitos y te convertirás en experto para obtener eso que tú quieres.

Da tu mejor esfuerzo siempre, deja de ser una persona ordinaria y conviértete en un ser "extra ordinario"

La información ya está dada, las herramientas ya las tienes, el ser supremo está contigo, lo que tienes que hacer es empezar y empezar ya.

"No necesitas suerte necesitas moverte"

Si he visto más allá es porque aprendido de grandes maestros, uno de ellos y el más grande es Jesús.

Manuel Benítez Sanz.

Acerca de Manuel

Manuel Benítez, estudió desarrollo humano y mercadotecnia. A los 17 años toma su primer curso de desarrollo humano, debido a su entusiasmo y empuje fue contratado para impartir conferencias y cursos para más de 20 empresas de Network Marketing, y otros rubros, posteriormente fue invitado a Estados Unidos para desarrollar negocio y así lo hizo con gran éxito por aproximadamente 15 años.

Además de esto ha trabajado en parte de Latino América, en países tales como: México, Colombia, Perú, Ecuador, República Dominicana, Puerto Rico, Panamá, Venezuela, Estados Unidos.

Actualmente dirige Mbs Seminars e imparte cursos y conferencias de ventas, motivación, trabajo en equipo y liderazgo. Además da consultoría a empresas de varios ramos.

www.mbsseminars.com

Facebook/manuelbenitezsanz

WhatsApp/ 702 750 5855